古代歷史文化 研究輯刊

十三編

王明蓀 主編

第 21 冊

《梁書》、《陳書》修纂之研究

蘇博群 著

國家圖書館出版品預行編目資料

《梁書》、《陳書》修纂之研究／蘇博群 著 -- 初版 -- 新北市：
花木蘭文化出版社，2015〔民104〕
目 2+132 面；19×26 公分
（古代歷史文化研究輯刊 十三編：第 21 冊）
ISBN 978-986-404-031-5（精裝）
1. 南朝史 2. 史學評論
618   103026961

ISBN-978-986-404-031-5

古代歷史文化研究輯刊
十三編　第二一冊　　　　　　ISBN：978-986-404-031-5

《梁書》、《陳書》修纂之研究

作　　者　蘇博群
主　　編　王明蓀
總 編 輯　杜潔祥
副總編輯　楊嘉樂
編　　輯　許郁翎
出　　版　花木蘭文化出版社
社　　長　高小娟
聯絡地址　235 新北市中和區中安街七二號十三樓
　　　　　電話：02-2923-1455 ／傳真：02-2923-1452
網　　址　http://www.huamulan.tw 信箱 hml 810518@gmail.com
印　　刷　普羅文化出版廣告事業
初　　版　2015 年 3 月
定　　價　十三編 27 冊（精裝）台幣 52,000 元

版權所有・請勿翻印

《梁書》、《陳書》修纂之研究

蘇博群　著

作者簡介

姓名：蘇博群

生日：民國 69 年 6 月 27 日生

籍貫：台灣新北市

學歷：輔仁大學歷史學系畢業、中興大學歷史學系碩士班畢業、中興大學師資培育中心修習教
　　　育學程

現職：任教於台中市私立明道高級中學

提　要

　　欲研究中國史學史，二十五正史可說是重要的指標。《梁書》、《陳書》雖是其中兩本，卻
是代表著唐代官修紀傳正史體例強化下的產物，二書就是在此環境下完成的。本書所要研究的，
不在《梁書》、《陳書》中考證的內容，因為這部份前人成就已是豐碩；至於本文關注的是要去
研究《梁書》、《陳書》在南朝後期至唐代官方史學修纂的過程和方式，如，成書相關作者、官
修史學、史學思想、成書背景及《漢書》家學等。

　　再者，有唐一朝，官方史學繁盛，更為日後各代奠下正史修纂的基礎，因此有必要去研究
唐代官方史學中的存在和發展，藉由《梁書》、《陳書》修纂的過程，予以分析與研究是本文著
手的動機之一。雖然，站在官方史學的立場來修史，反映出官方對歷史解釋權的控制，其中的
利與弊，其實因人理解而有差異，但是二書的完成以及對日後的貢獻，仍應予以肯定與重視。

　　最末，在撰寫本文時還發現，仍有許多問題可加以研究，如吏部尚書（因姚察曾任吏部尚
書）與南朝史學的發展、次要史學家、史著間的史學思想等史學史研究。這都有待後繼者加以
突破和創新，如此的史學成果才更加完整。本文主要探討姚察、姚思廉父子修纂《梁書》、《陳
書》的歷程、方法與對日後史學史研究的影響為主，希望從上述觀點的呈現，對中國正史的著作、
以及在閱讀與使用史料上，做一個省思與關注。

目次

第一章　緒　論

第一節　研究動機

　　魏晉南北朝時期，政治上是分裂較多的時代，卻是中國史學史發展的黃金時代，也是文化演變令人怪異的時代，〔註1〕在此時期的史學，卻呈現出多元的現象，即「兩晉六朝百學蕪穢而治史者獨盛、史學與經學的關係、史學，玄學和文學相關性、史學體裁豐富、史部日漸獨立。」等情形。〔註2〕致力於研究本時期的學者們，對此已有豐富的成果；隨著時代的推移，史學發展不因政權的遞嬗而中斷，直到隋唐時期，史學更是進入另一階段，開啓了另外一片天地，由於隋朝早亡，其創下的制度，都由日後的唐朝實行之，使得史學在唐朝初年進入另一昌盛的階段，如修六代史、史館制度建立、紀傳體正史編纂、官修史學確立等；〔註3〕推原其歷史脈絡，這些都是自魏晉南北朝時

〔註1〕 沈剛伯，〈論文化蛻變兼述我國歷史上第一次文化大革新〉，《中山學術文化集刊》，第 1 期（1968.03.12），頁 1（總 501）～18（總 518）。

〔註2〕 這部份相關文章可參考：梁啓超，《中國歷史研究法》（台北：台灣商務印書館，1966.07），頁 25。；錢穆，〈綜論東漢到隋的史學演進〉，收入於氏著《中國史學名著》（北京：生活・讀書・新知三聯書店，2004.02），頁 100～114。；劉節，《中國史學史稿》（台北：弘文館，1986），頁 111～137。；周一良，〈魏晉南北朝史學發展的特點〉，收入於氏著《魏晉南北朝史論集》（北京：北京大學，2000.10），頁 384～402。；逯耀東，〈魏晉史學的時代特質〉，收入於氏著《魏晉史學及其他》（台北：東大發行，1998），頁 3～13。等文。

〔註3〕 這部份相關文章可參考：（宋）宋敏求編、楊家駱主編，《唐大詔令集》卷 81〈經史〉（台北：鼎文書局，1972），頁 466～467。；張榮芳，〈唐代史館與史官〉（台北：國立台灣大學歷史研究所碩士論文，1982）。；瞿林東，〈盛唐史

代已有的基礎，承繼下去並加以發揚變遷的，所以這一階段的史學史研究中，遂有「唐代史學，承繼這個基礎（魏晉）而演變」之說法，〔註4〕所以因果連續性與變異性，在歷史學的研究中，是必須去注意和重視的，如此才能對一個時代做更進一步的闡釋。

時代的改變也讓史學注入新的元素，因而承繼與變遷這兩者之間，常常是相互融合的，並交織出新的風貌，本文也是想要從此概念出發，來詮釋當時處在這時代的一對史學父子檔——姚察（532～606）、姚思廉（557？～637）〔註5〕，前者歷經了梁、陳、隋三朝，後者則處在陳、隋、唐初三個時期，所以藉此個案，對正史發展來做探究，看出其中的承繼與轉變性。歷代正史的發展中，司馬談、司馬遷父子的《史記》，班彪、班固父子的《漢書》，李德林、李百藥父子的《北齊書》，李大師、李延壽父子的《北史》、《南史》等，都由父子接續所完成的；此外李延壽的《北史》、《南史》，歐陽修的《新唐書》、《新五代史》是少數在二十五史作者中留有兩本作品，姚察、姚思廉是其中一對的史學父子檔，既是父子，又可算是兩本正史著作，所以看出本身有其家風、家學的延續性。同時這對史學父子檔，由子姚思廉完成其父之遺願，「續成梁、陳史」〔註6〕，於是有《梁書》、《陳書》為一單位正史的產生，凡此，筆者欲由《梁書》、《陳書》中，作為本文研究的方向，找出此對史學父子在二書裡顯示出的史學思想和修纂方法。

第二節　研究成果回顧

在前人的研究中，對一系列正史最有評述和貢獻的，莫過於清初考證三大家，即錢大昕（1728～1804）的《廿二史考異》、趙翼（1729～1814）的《廿

學的總結性工作〉，收入於氏著《唐代史學論稿》（北京：北京師範大學，1989.03），頁 3～17。：岳純之，《唐代官方史學研究》（天津：天津人民，2003.05）。等作品。

〔註4〕逯耀東，《魏晉史學及其他》，頁 15。

〔註5〕陶懋炳，〈梁書與陳書〉收入於倉修良主編，《中國史學名著評介》第一卷（台北：里仁書局，1994.04.01），頁 406。文中提到「終年八十」可是卻不知所據。本文還是採李宗侗，〈南朝的四代史及其作者〉，《中國一周》，第 346 期（1956.12.10），頁 5。與張舜徽主編，《中國史學名著題解》（北京：中國青年，1984.02），頁 97。將二文中歸納姚思廉生卒年為：「姚思廉的出生，其年月不詳，史無明確記載，大約生於梁末陳初，死於唐太宗貞觀十一年（637）。」

〔註6〕《舊唐書》卷73〈姚思廉傳〉（北京：中華書局，1996），頁 2592。

二史箚記》、王鳴盛（1722～1798）的《十七史商榷》，〔註7〕其中錢氏，大都論及內文考證部分；惟趙氏、王氏一書，除有考證外，亦有談及《梁書》、《陳書》的價值；在專書、專文方面，分別以台灣師範大學在民國58和59年的碩士學位論文兩篇爲主，即林礽乾的《陳書本紀校注》〔註8〕與耿慶梅的《梁書本紀校注》〔註9〕，這兩篇學位論文雖然和筆者研究的課題，在相關度上有一定關連，可是其文偏重於本紀考證方面，仍可佐助研究二書。此外，林礽乾還著有《陳書異文考證》，〔註10〕此書以武英殿本和他書比勘讎對，並一一辨別錯誤，大體上仍是將史料加以耙梳與條列；至於專文方面，林礽乾在民國61年於《大陸雜誌》上發表了一篇〈陳書本紀校證〉，〔註11〕都有助於研究此問題。此外在《梁書》、《陳書》考證文章方面還有以下諸文。〔註12〕本

〔註7〕 （清）錢大昕，《廿二史考異》（北京：中華書局，1985）。；（清）趙翼著、王樹民校證，《廿二史箚記校證》（上）（下）（北京：中華書局，2001.11）。；（清）王鳴盛，《十七史商榷》點校本（台北：大化，1977.05）。

〔註8〕 林礽乾，〈陳書本紀校注〉（上）（下）（台北：國立台灣師範大學中文研究所碩士論文，1969.06）。

〔註9〕 耿慶梅，〈梁書本紀校注〉（台北：國立台灣師範大學中文研究所碩士論文，1970.06）。

〔註10〕 林礽乾，《陳書異文考證》（台北：文史哲，1979.03）。

〔註11〕 林礽乾，〈陳書本紀校注〉，《大陸雜誌》，卷44第5期（1972.05），頁270（38）～290（58）。

〔註12〕 嚴耕望，〈梁書盧陵王續奪謫〉，《大陸雜誌》，卷13第2期（1956.07.31），頁66（32）。；方北辰，〈古籍標點商榷八則〉，《四川大學學報（哲學社會科學版）》，第2期（1989），頁106～107。；嚴耕望，〈正史脫譌小記〉，收入於氏著《嚴耕望史學論文選集》（台北：聯經，1991.05），頁563～594。；陳洪，〈《梁書》中人物生族年歲辨誤補遺〉，《古籍整理與研究》，第7期（1992），頁50。；丁伋，〈《陳書·虞荔傳》標點糾誤〉，《古籍整理研究學刊》，第1期（1995），頁58。；陳周，〈讀南朝四史札記〉，《古籍整理研究學刊》，第6期（1996），頁39～41。；許福謙，〈《陳書》紀傳疑年錄〉，《首都師範大學學報》，第1期（1997），頁70～78。；牛繼清，〈《陳書》時日校補〉，《中國史研究》，第2期（1997），頁64。；母美春，〈《梁書》劉杳「十三丁父懮」〉，《文教資料》，第3期（1997），頁114～115。；熊清元，〈《梁書·劉顯傳》點校匡補〉，《中國史研究》，第2期（1998），頁175～176。；詹宗祐，〈近二十年（1978～1998）新校本二十五史內文校正論著索引——中古之部〉，《漢學研究通訊》，卷18第4期（1999.11），頁526～537。；牛繼清、張林祥，〈《梁書》時誤補校（上）〉，《文史》，第46輯（1999），頁186。；牛繼清、張林祥，〈《梁書》時誤補校（下）〉，《文史》，第46輯（1999），頁222。；羅新本，〈《魏書》、《陳書》勘誤二則〉，《西南民族學院學報（哲學社會科學版）》，第4期（2000），頁17。；蔣伯良，〈《梁書》、《陳書》舛誤辨〉，《寧波大學學報（人

文非對《梁書》、《陳書》版本、文句做考證研究，但是上述說法和整理仍對本文有可資參考之處。

　　不管是清人或是近人，在這兩部書的考證方面，都有一定的成績。接著，將各家對《梁書》和《陳書》研究、姚氏父子史學的評價等，將其說法列出如下：

　　1、通論性說法：舉凡各家《中國史學史》一書中，均有提及《梁書》和《陳書》的評價與研究，〔註13〕上述文章中有以下幾點歸納，如上選史家，

文科學版）》，卷16第3期（2003.09），頁62～65。；汪廷奎，〈廿四史《陳書》勘正一例〉，《廣東社會科學》，第6期（2003），頁116。；熊清元，〈校史札記三則之二〉，《中國史研究》，第4期（2004），頁52。；熊清元，〈《梁書》點校辨正〉，《古籍整理研究學刊》，第2期（2005），頁73～78。；熊清元，〈中華書局本《梁書》補校35例〉，《黃岡師範學院學報》，卷25第5期（2005.10），頁19～24。；孫蓉蓉，〈《梁書》與《南史》劉勰傳異同考辨〉，《中國文化研究》，第2期（2005），頁98～107。；譚書龍，〈《梁書・元帝紀》勘誤一則〉，《學術研究》，第6期（2006），頁146。；蕭文，〈《梁書・劉杳傳》訂誤〉，《文學遺產》，第3期（2006），頁156。；詹宗祐，〈近二十年來新校本二十五史內文校正論著索引補編——中古之部〉，《書目季刊》，卷40第3期（2006.12.16），頁81～100。；牛潤珍，〈徐陵引姚察爲史佐不在永定初——讀《陳書・姚察傳》札記〉，《史學史研究》，第2期（2007），頁123～124。；邵春駒，〈《梁書》點校雜拾（之二）〉，《邢臺職業技術學院學報》，卷25第6期（2008.12），頁78～80。；邵春駒，〈《陳書》校讀札記〉，《萍鄉高等專科學校學報》，卷26第2期（2009.04），頁112～1140。；邵春駒，〈《梁書》地名考誤七則〉，《中國歷史地理論叢》，卷25第4輯（2010.10），頁157～159。；邵春駒，〈《梁書》職官考誤七則〉，《圖書館雜志》，第4期（2011），頁54、95～96。邵春駒，〈《梁書》記時考誤〉，《圖書館理論與實踐》，第10期（2011），頁68～69。；邵春駒，〈《梁書》辨誤一則〉，《江海學刊》，第1期（2012），頁21。以上是對二書的考證文章，還有專以作者的考證如：趙俊，〈兩《唐書・姚思廉傳》辨證〉，《中國史研究》，第3期（1986），頁166。；至於專書則有許福謙，《南北朝八書二史疑年錄》，（北京：北京、文津，2003.01）。中有《梁書》、《陳書》列傳人物生卒年考證。等作品。

〔註13〕尹達，《中國史學發展史》（台北：天山，出版年不詳）。；張立志，《正史概論》（台北：台灣商務印書館，1964）。；李宗侗，《中國史學史》（台北：華岡，1975）。；金毓黻，《中國史學史》（台北：鼎文書局，1982.11）。；柴德賡，《史籍舉要》（台北：漢京文化事業有限公司，1985.10.30）。；白壽彝，《中國史學史》第一冊（上海：上海人民，1986）。；周佳榮，《中國史學名著概說》（台北：唐山，民國1989）。；吳天任，《正史導讀》（台北：台灣商務印書館，1990.02）。；宋衍申，《中國史學史綱要》（長春：東北師範大學，1992）。；潘德深，《中國史學史》（台北：五南書局，1994）。；楊家駱，《廿五史述要》（台北：世界書局，1994.10）。；周谷城，《中國學術名著提要（三）——歷

兩世作史、兩書詳述、議論千篇一律與荒唐、多載詔策表疏、像帝王家譜、有系統史料、前後矛盾、突破門第觀念限制、未立蕭詧傳等說法，並以此說作爲《梁書》、《陳書》最基本的認識。

2、專文說法：在五代以後就陸續對《梁書》和《陳書》有所探討，〔註14〕上述文章中有以下幾點歸納，如.前後不一之失、成書之難、爲父立傳、據國史立傳、多載飾終、多避諱、編纂失檢、古文之始、編次失當、多蕪詞、編次得宜、家學淵源、《陳書》史官記注傳統的建立與演變、書法乖舛、具史法、易乎眾手編次、參差牴誤、無良史之才、梁書最虛僞、注重人事進步史

史卷》（台北：黎明文化事業股份有限公司，1995.08）。；王樹民，《中國史學史綱要》（北京：中華書局，1997）。；王仲犖，《魏晉南北朝史》（上海：上海人民，1998.06）。；瞿林東，《中國史學史綱》（北京：北京，2000.06）。；杜維運，《中國史學史》（二）（台北：三民書局，2002.09）。白壽彝，《中國史學史教本》（北京：北京師範大學，2003.08）。；邱敏，《六朝史學》（南京：南京，2003.11）。；吳懷祺，《中國史學思想史》（台北：文史哲，2005.05）。等著作。

〔註14〕（宋）趙與時，《賓退錄》（一）（二）（北京：中華書局，1985）。；（宋）曾鞏《曾鞏全集・文集》卷3〈梁書目錄序〉、〈陳書目錄序〉（台北：河洛圖書，1978.12），頁28～29、頁33～34。；（宋）晁説之，《嵩山景迁生集》全二冊（台北：台灣學生書局，1975.05）。；（清）趙翼著、王樹民校證，《廿二史劄記校證》（上）（下）。；（清）趙翼，《陔餘叢考》（台北：華世，1975.10）。；（清）王鳴盛，《十七史商榷》點校本。；（清）杭世駿，《諸史然疑》（台北：藝文印書館，1966）。張元濟，《校史隨筆》，（台北：台灣商務印書館，1965.01）。等評論；至於專文則有：李則芬，〈南北朝梁書最僞〉，《東方雜誌》，卷18第12期（1985.06），頁21～24。；趙俊，〈姚思廉的史學〉，《遼寧大學學報》，第4期（1988），頁103～106。；臧世俊，〈《梁書》略論〉，《歷史教學問題》，第4期（1992.04），頁52～56。；趙俊，〈《梁書》、《陳書》的編纂得失〉，《中國社會科學院研究生院學報》，第3期（1994），頁17～24。；邵承芬，〈南朝史官記注傳統的建立與演變——以陳書爲中心〉，《健行學報》，第15期（1995），頁241～258。；陳表義，〈姚思廉所著梁、陳二書簡論〉，《西北第二民族學院學報（哲學社會科學版）》，第2期（1996），頁66～70。陳表義，〈姚思廉及其《梁書》《陳書》淺論〉，《暨南學報（哲學社會科學）》，第2期（1997.04），頁72～77。吳志潔，〈從《陳書》看姚氏父子的史學旨趣〉，《淮北煤師院學報社會科學版》，第1期（1998），頁8～10。；熊清元，〈姚氏父子與《梁書》〉，《黃岡師範學院學報》，卷21第2期（2001.04），頁8～15。；李少雍，〈姚氏父子的文筆與史筆——讀《梁書》、《陳書》札記〉，《文學遺產》，第6期（2002），頁79～92。；周文玖，〈主要論著索引〉，收入於周文玖主編《《晉書》、「八書」、「二史」研究》，（北京：中國大百科全書，2009.01），頁405～424。；至於專書則有周文玖主編《《晉書》、「八書」、「二史」研究》一書，內有列舉《梁書》、《陳書》研究的論文與目錄。等作品。

觀、具有人民性因素、樸實的文風、簡嚴的敘事描寫、作人情佳傳、肯定無神論思想、宣傳孝悌、實錄精神、用民間歌謠時人俗說等看法，並以此作為最更進一步的瞭解。

3、學位論文：在台灣學術界，蒐集到洪文琪，〈姚察父子修撰梁、陳二書之研究〉，〔註15〕文中對姚氏父子的家世、家學、仕履、交遊著墨甚多，對欲了解姚氏父子檔的生平，很有幫助，此學位論文和筆者的論文在部份章節安排上雷同，是一個很好的參考作品，但筆者著重於《梁書》、《陳書》修纂的過程、方法、思想與特性的歸納，所以在切入點上還是有所不同的。另有陳金城，〈南朝四史對《漢書》史學繼承之研究〉，〔註16〕文中提及《漢書》對南朝四史纂修上的影響，對於本文提及的姚氏漢書家學是大有幫助的。

4、其他討論：（1）編撰問題：從《金樓子》及〈梁書·劉勰傳〉編寫的問題，探討姚氏父子在《梁書》的編撰問題〔註17〕；此外，另有從南朝四部正史脈絡來探討《梁書》、《陳書》中四夷傳與本紀纂修問題與研究〔註18〕。上述文章對本論文有參考的價值。（2）音詞：〔註19〕基於研究成果的完整性，還是將之列於文中。（3）南朝文學與史學關聯性的研究：對南朝四史中的正統史學與文學關係所做的研究，從文學角度來評論南朝四史。〔註20〕

上述是對《梁書》、《陳書》的學術行情依各時代發展，作了一個初步的回顧，可以發現有幾個看法，是可以再討論的：（1）以偏概全：如.趙翼提到〈梁書編傳失檢處〉〔註21〕、〈陳書編次得宜〉〔註22〕及〈古文始自姚察始〉

〔註15〕 洪文琪，〈姚察父子修撰梁、陳二書之研究〉（台北：文化大學史學研究所碩士論文，2005）。

〔註16〕 陳金城，〈南朝四史對《漢書》史學繼承之研究〉，（台北：文化大學史學研究所博士論文，2010）。

〔註17〕 梅運生，〈劉勰《梁書·劉勰傳》〉，《安徽師大學報（哲學社會科學版）》，卷26第4期（1998），頁508～515。；鐘仕倫，〈《梁書》不載《金樓子》考——兼論《梁書》編撰問題〉，《四川大學學報（哲學社會科學版）》，第3期（2004），頁93～97。

〔註18〕 陳金城，〈南朝四史本紀纂修之探討〉，《中國歷史學會史學集刊》，第42期（2010.10），頁60～85。；陳金城，〈南朝四史「四夷傳」纂修原因之探討——兼論南朝與域外接觸的新視野〉，《空大人文學報》，第19期（2010.12），頁209～248。

〔註19〕 邱薇瑜，〈《陳書》復音詞結構簡析〉，《語文學刊》，第4期（2003），頁57～62。

〔註20〕 張亞軍，《南朝四史與南朝文學研究》，（北京：中國社會科學，2007.07）。

〔註21〕 （清）趙翼著、王樹民校證，《廿二史箚記校證》（上）卷9〈梁書編傳失檢處〉，頁193～194。

等方面〔註23〕。以上幾點都難以全面地了解《梁書》、《陳書》，會讓人有以偏概全的情形，前者是在不同狀況下的推論，後者雖有散文行筆，但是在卷末史論中還是有騈文的使用，〔註24〕因此這些對《梁書》、《陳書》的論斷實在流於武斷。（2）不斷地重複：如.不爲蕭詧立傳、爲父作傳、隱諱之處多、文飾蕪詞多〔註25〕、散文寫史等，常被討論和引用的，不過大都出於趙翼及《四庫全書・正史部》的說法，日後的學者，大部分多承繼前人而少繼續發展，只有幾篇文章才部份超越此；首先，在不爲蕭詧立傳和爲父作傳方面，還是有可討論的空間，前者不爲蕭詧立傳何嘗不可？蕭詧、蕭巋、蕭琮這個枝系也是後梁政權的主要人物，同時此政權受北周所資助，在《北周書》就有提及：

> 魏恭帝元年（554），太祖令柱國于謹伐江陵，詧以兵會之。及江陵平，太祖立詧爲梁主，居江陵東城，資以江陵一州之地，其襄陽所統，盡歸於我。〔註26〕

陳朝和北周處在敵對的情形，不把後梁政權看成和陳朝相同，遂有出兵之舉動，如「太建二年（570），（錢道戢）又隨昭達征蕭巋於江陵」，〔註27〕所以把這個介於陳朝、北周之間的政權，歸於北周是可以的，所以《梁書》、《陳書》不載此傳，歸於《周書》，亦是可行。再者，爲父作傳方面，或許字數對比於其他列傳，是較多的，這有其偏失之處，但如柴德賡所言：「這並不算什麼毛病，姚察與江總、袁憲，其重要事蹟皆在陳朝，在《陳書》立傳有何不可？」〔註28〕，筆者也是認同此。再者，姚思廉爲父作傳，無不可，缺失在於不該多記其繁瑣之事；最後，只是目前所蒐羅的學術行情中，發現大都承繼趙氏觀點多，而未能有更新之看法，這是很可惜的，其中原因或許可再去深入探討。其他諸點，有時會將此二書簡略分爲優缺點，是否可行？因爲多

〔註22〕（清）趙翼，《陔餘叢考》卷7〈陳書編次得宜〉，頁72～73。
〔註23〕（清）趙翼著、王樹民校證，《廿二史箚記校證》（上）卷9〈陳書編次得宜〉，頁196～198。
〔註24〕這部份在本論文第四章第二節文學史法的呈現有更詳細提及。
〔註25〕（唐）劉知幾著、（清）浦起龍釋《史通通釋》卷4〈題目〉，頁91。中提到：「魚豢、姚察著魏、梁二史，巨細畢載，蕪累甚多，而俱榜之以略，考名責實，奚其爽歟！。」
〔註26〕《周書》卷48〈蕭詧傳〉（北京：中華書局，1983.10），頁859。
〔註27〕《陳書》卷22〈錢道戢傳〉（北京：中華書局，1992.07），頁295。
〔註28〕柴德賡，《史籍舉要》，頁93。

說文飾蕪詞、多載詩文與詔議，這些東西對日後研究者來說，卻提供了許多豐富的文本資料。本文不從優、缺點二分法來入手，而是想去找尋這對史學父子所使用的修史之法，是否有其特殊，如.《漢書》家學、文史呈現的筆法、避諱時的時代侷限等面向，來著手處理，並看方法上的轉變和時代的關係，當然此二書也非沒有問題，如.錯誤、曲筆、隱諱等，都是本書遭人非議之處。最後從承繼性與變遷性來看一個史學發展的個案，兩者在歷史學研究中雖有衝突，但也有相互關連，《梁書》、《陳書》在這方面很有此特性，大體上來說《梁書》、《陳書》是筆者認爲可以再去探討與研究的。

第三節　研究資料與不足之處

　　研究這個問題時，資料使用時，其中最爲主要的當然是以大家公認中華書局版本的《梁書》、《陳書》二書爲主。〔註 29〕由於是姚氏父子留下來的史學作品，從中更是對他們的史學思想，以及了解南朝末年至唐代初年史學發展，最爲相關的史料。由於《梁書》、《陳書》無志書的體例，欲了解此仍需參看後人對此二書無志所作的補遺，〔註 30〕同時，配合史學研究目錄和工具

〔註 29〕趙惠芬，〈二十四史版本研究〉（台北：文化大學中文研究所博士論文，2001）。
〔註 30〕陽壽彭，〈補陳書藝文志〉，《師範大學國文研究所集刊》，第 1 期（1957.06 月），頁 119～133。；李雲光，〈補梁書藝文志〉，《師範大學國文研究所集刊》，第 1 期（1957.06），頁 1～117。；（清）萬斯同，《梁諸王世表》，收入於二十五史刊行委員會編，《二十五史補編》第四冊（台北：開明書局，1959），頁 4347～4348。；（清）萬斯同，《陳諸王世表》，收入於二十五史刊行委員會編，《二十五史補編》第四冊，頁 4433～4434。；（清）萬斯同，《梁將相大臣年表》，收入於二十五史刊行委員會編，《二十五史補編》第四冊，頁 4349～4359。；（清）萬斯同，《陳將相大臣年表》，收入於二十五史刊行委員會編，《二十五史補編》第四冊，頁 4435～4441。；（清）洪齮孫，《補梁疆域志》，收入於二十五史刊行委員會編，《二十五史補編》第四冊，頁 4361～4431。；臧勵龢，《補陳疆域志》，收入於二十五史刊行委員會編，《二十五史補編》第四冊，頁 4443～4475。；譚其驤，〈補陳疆域志〉，《禹貢半月刊》，卷 5 第六期（1936.05.16），頁 7（473）～18（484）。；譚其驤，〈補陳疆域志〉，《禹貢半月刊》，卷 5 第十期（1936.07.16），頁 3（297）～31（305）。；朱雋，〈補《陳書‧藝文志》〉，《文教資料》，第 3 期（1999），頁 110～116。今人鄭鶴聲著、鄭一鈞整理，《正史匯目》，（天津：天津古籍，2009.12）中第十一《梁書》部，頁 242～249 與第十二《陳書》部，頁 250～252。提到對此二書後續補編的彙整。等作品。

書，〔註31〕再加上後代根據《梁書》、《陳書》所作的會要編輯，〔註32〕甚至
是中央研究院歷史語言研究所近年來建構的古籍網站加以檢索，〔註33〕參用
此，才能有助於研究二書更增加閱讀的便利性。再者，《舊唐書》、《新唐書》
等正史的運用，對於人物的理解，都可從此去掌握。在配合《史通》、《大唐六
典》、《唐會要》、《唐大詔令集》等書，都讓人更加地熟悉唐朝初年的史官與史
館制度。其他類書與相關文獻的使用，如.《冊府元龜》、《古今圖書集成》、《全
上古三代秦漢三國六朝文》、《全唐文》、《全唐詩》等書，可讓人對這段時代理
解上，更為完整，不過，不管是在使用類書或是相關資料的時候，仍要特別去
辨正和考訂一下其真確與否才。然而二手的資料也是不能忽略的，古代文人
筆記對此的評議，在浩如煙海的文籍中，是本文比較棘手的地方，如何不斷蒐

〔註31〕中國社會科學院歷史研究所編，《中國史學論文索引第三編》上、中、下（北
京：中華書局，1992.05）。；中華文化復興運動推行委員會四庫全書索引編纂
小組主編，《四庫全書文集編目分類索引・學術文之部》上（台北：臺灣商務
印書館，1989）。；王國良編《魏晉南北朝文學論著集目正編——中國文學論
著集目正編之三》（台北：五南，1996.07）。；王國良編《魏晉南北朝文學論
著集目續編——中國文學論著集目續編之三》（台北：五南，1996.07）。；王
錦貴主編，《中國歷史文獻目錄學》（北京：北京大學，1994.12）。；台灣開明
書局編，《二十五史人名索引》（台北：開明書局，1977）。；余秉權編，《中
國史學論文引得 1902～1962》（台北：華世，1975.04）。；宋德熹、甘懷貞、
沈明德編著，《戰後臺灣的歷史學研究 1945～2000》第三冊（台北：行政院國
家科學委員會，2004）。；宏業書局編輯部編，《二十四史紀傳人名索引》（台
北：宏業書局，1981）。；洪順隆主編，《中外六朝文學研究文獻目錄》（台北：
漢學研究中心，1992）。；高明士，《戰後日本的中國史研究》（台北：東昇出
版事業有限公司，1982.09）。；高明士編，《中國史研究指南（二）——魏晉
南北朝史・隋唐五代史》（台北：聯經，1990.04）。；張忱石編，《南朝五史人
名索引》（北京：中華書局，1985）。；張撝之、沈起、劉德重等主編，《中國
歷代人名大辭典》（上）（下）（上海：上海古籍，1999）。；梁啟雄編，《二十
四史傳目引得》（台北：台灣中華書局，1973）。；喬治忠、姜勝利編著楊翼
驤審定，《中國史學史研究述要》（天津：天津教育，1996）。；復旦大學歷史
系主編，《中國古代史論文資料索引 1949.10～1979.09》（上海：上海人民，
1985）。；楊翼驤，《學忍堂文集》（北京：中華書局，2002）。；臧勵龢，《中
國人名大辭典》（台北：台灣商務印書館，1979.02）。鄺士元，《魏晉南北朝史
研究論文書目》（台北：臺灣中華書局，1971.11）。；至於專書則有瞿林東主
編，《20 世紀二十四史研究綜論》，（北京：中國大百科全書，2009.01）。內有
列舉二十四史研究的版本、論文與工具書。等作品。

〔註32〕（清）朱銘盤，《南朝梁會要》（台北：弘文館，1986）。；（清）朱銘盤，《南
朝陳會要》（台北：弘文館，1986）。

〔註33〕中央研究院漢籍電子文獻。http://www.sinica.edu.tw/-tdbproj/handy1/。

羅是要隨時去注意的地方，才可以使筆者對前人研究成果掌握上更爲周全；近人的論述和研究更是不能忽略的，運用論文文獻目錄、工具書、網路檢索都有助於對此研究成果的建構，如此才能盡可能將資料加以收羅完備。

《論語》中提到：「殷因於夏禮，所損益可知也。周因於殷禮，所損益可知也。」〔註34〕此外在《史記·太史公自序》中：

> 太史公曰：「先人有言：『自周公卒五百歲而有孔子，孔子卒後至於今五百歲，有能紹明世，正易傳、繼春秋、本詩書禮樂之際？』意在斯乎！意在斯乎！小子何敢讓焉。」〔註35〕

各個時代中是不斷沿襲，又因爲時代的不同，確實會有不凡的表現，所以本文撰寫的動機，主要是從此受到啓發，從一個史學史研究的個案中，試著去了解承繼與變遷的史學特性，用此來理解史學、時代、與史學發展間的密切性。至於本文較爲不足的地方有兩點：1、中國學界研究成果的建構：只能多運用中國博碩士論文網站與中國期刊網以補紙本不易取得之缺。2、日本學界研究的成果：則是礙於筆者語文的能力，影響日文資料的解讀能力。上述兩點是撰寫此文深感較爲力不從心的地方。

基本上，本文不著重於考證《梁書》、《陳書》二書，因爲前人所做已經很豐富了，文中除了歸納整理並找出姚氏父子的史學方法與二書中的史學思想外，試著從史料來理解姚氏父子的修纂方法，從中探研《梁書》、《陳書》在中國正史上的發展與影響。

第四節　預期成果

從上述學術論著中種種說法的提出，看出歷史定義與解釋有其多元的特質，歷史學這門學科本身就有連續發展的特性，加上其變異性，會因注入新的生命，使其更爲蓬勃，中國史學發展上，二十五正史各有重要性，其中《史記》更是開此的先驅，據趙翼所言：

> 司馬遷參酌古今，發凡起例，創爲全史。……自此例一定，歷代作史者不能出其範圍，信史家之極則也。〔註36〕

〔註34〕（宋）朱熹，《四書章句集注》卷一〈爲政第二〉（北京：中華書局，2001.11），頁59。

〔註35〕《史記》卷130〈太史公自序〉（北京：中華書局，1982.11），頁3296。

〔註36〕（清）趙翼著、王樹民校證，《廿二史箚記校證》，頁3。

雖然至《梁書》、《陳書》時體例已有不同，但大抵仍是相沿較多，依據學者
白壽彝所云：

> 發現史學傳統，不僅反映了歷史家對傳統的新認識，而且也體現出
> 發展了的傳統對歷史家的新要求。這是繼承、發揚優良史學傳統過
> 程中的辨證發展關係。〔註37〕

因此，承繼和變遷的特性，這兩者間的關係是密切的。

　　最末，史學史研究在台灣來說，以碩博士論文發表的統計數量來看，是
較少的，〔註38〕在《戰後臺灣的歷史學研究 1945～2000》一書中提到「梁、
陳書的討論較少」，〔註39〕而單以正史來研究的，以四史為主，即《史記》、《漢
書》、《後漢書》、《三國志》，其中的比例較高外，單以《梁書》、《陳書》作一
整體來探討的似乎略少，大都只著重於本紀上之考證，此各期刊論文中可見。
筆者希望藉由此題，試著對以前種種說法來做一個較有系統的整理，看這兩
部史書在南朝至唐初的史學發展，並且找出這之間承繼性與變遷性的交織，
對這兩本正史來作史學研究，從整理和分析的過程中，提出與前人未發之新
意，來對《梁書》、《陳書》修纂的方法做進一步的評價與研究。

〔註37〕瞿林東，《白壽彝史學的理論風格》（開封：河南大學，2004.01），頁 17。
〔註38〕彭明輝，〈台灣地區歷史研究所博、碩士論文取向：一個計量史學的分析（1945
　　　　～2000）〉，收入於氏著《台灣史學的中國纏結》（台北：麥田，2001），頁 151
　　　　～205。
〔註39〕宋德熹、甘懷貞、沈明德編著，《戰後臺灣的歷史學研究 1945～2000》第三冊，
　　　　頁 217。

第二章 《梁書》、《陳書》修史的背景與過程

　　中國史學源源流長，研究正史可知悉歷朝各代史學發展的一面，由於不同時期中各有風貌，其中魏晉南北朝的史學最為繁榮〔註1〕，著作甚是豐富。正史作者中，留下兩部著作者並不多，姚察、姚思廉留下《梁書》、《陳書》、李大師、李延壽有《南史》、《北史》、歐陽修有《新唐書》、《新五代史》為著有兩本史書的少數作者；另一方面正史著述還有一個特性就是父子相繼為業，有司馬談、司馬遷的《史記》，班彪、班固的《漢書》，李德林、李百藥的《北齊書》，姚察、姚思廉的《梁書》、《陳書》，以及李大師、李延壽的《南史》、《北史》，都反映了史學與家學的特殊淵源。再者，金毓黻認為：「姚察、思廉，李德林、百藥兩父子，俱兩世作史，亦應儕於史家之林。」；〔註2〕藍文徵並將姚思廉比同於范曄。〔註3〕總之，姚察、姚思廉的《梁書》、《陳書》在這幾方面有其特殊性，值得去注意與研究的，今依成書相關作者、官方認可修史、成書的歷程來鋪陳本章內文。

第一節　成書相關作者

　　《梁書》本紀有六卷、列傳五十卷，合計共五十六卷，無表與志。本書

〔註1〕萬繩楠，《魏晉南北朝史論稿》（台北：昭明，1999），頁413～437。
〔註2〕金毓黻，《中國史學史》（台北：鼎文書局，1982.11），頁87。
〔註3〕藍文徵，〈范蔚宗的史學〉，收入於杜維運、黃進興主編，《中國史學史論文選集》（一）（台北：三民書局，1993），頁305。

上起梁武帝天監元年（502），下至梁敬帝太平二年（557），記載了梁朝五十六年的歷史；《陳書》本紀有六卷、列傳三十卷，合計共三十六卷，無表和志。起自陳武帝永定元年（557），終於陳後主禎明三年（589），記載了陳朝三十三年的歷史。目前所留下的《梁書》、《陳書》大都是提名姚思廉撰寫，〔註4〕但是否就表示只有一人完成的呢？其實並非如此，姚思廉修史的過程是援引很多人留下來的未完成之作，加以編刪而成此二書：

> （貞觀）三年（629），又受詔與祕書監魏徵同撰梁、陳二史，思廉
> 又採謝炅等諸家梁史續成父書，并推究陳事，刪益傅縡、顧野王所
> 修舊史，撰成梁書五十卷、陳書三十卷。〔註5〕

上述這條史料中看出姚思廉修史的過程，最後集諸家大成而完成《梁書》、《陳書》，至於「諸家梁史」，所指的人物，即曾寫梁史，可能被姚察所引用，筆者整理史料後，可能有杜之偉（508～559）〔註6〕、許亨（517～570）〔註7〕、許善心（558～618）〔註8〕與沈約（441～513）、周興嗣（？～521）、鮑行卿（生卒不詳）、謝昊（生卒不詳）、何之元（？～593）、劉璠（510～568）等人撰錄。〔註9〕至於在修陳史時，「推究陳事」所指的人物，即曾寫陳史，可能被姚察所引用的作者，整理史料後，可能有引用顧野王（519～581）、傅縡（陳後主時亡）、陸瓊（537～586）〔註10〕，還有許善心（558

〔註4〕　（宋）王堯臣等編，《崇文總目》卷9〈正史類〉（北京：中華書局，1985），頁45。中提到：「《梁書》五十六卷姚察等撰；《陳書》三十六卷姚思廉等撰。」為其中另外一個說法。

〔註5〕　《舊唐書》卷73〈姚思廉傳〉（北京：中華書局，1996），頁2593。此史料中謝炅應是謝吳或謝昊之誤，詳可參考王樹民，《史部要籍解題》（北京：中華書局，2003.04），頁76之說法。上述史料《梁書》應是五十六卷、《陳書》應是三十六卷。

〔註6〕　《陳書》卷34〈杜之偉傳〉（北京：中華書局，1992.07），頁455。：「尋轉大匠卿，遷太中大夫，仍勒撰梁史。」。

〔註7〕　《陳書》卷34〈許亨傳〉，頁459。：「後撰梁史，成者五十八卷。」。

〔註8〕　《隋書》卷58〈許善心傳〉（北京：中華書局，1973），頁1428。：「善心父撰著梁史，未就而歿。善心述成父志，修續家書。」。

〔註9〕　（唐）劉知幾著、（清）浦起龍釋《史通通釋》卷12〈古今正史〉（台北：里仁書局，1993），頁356。中提到：「梁史，武帝時，沈約與給事中周興嗣、步兵校尉鮑行卿、祕書監謝昊撰錄，已有百篇。值承聖淪沒，並從焚蕩。廬江何之元、沛國劉璠以所聞見究其始末，合撰梁典三十篇，而紀傳之書未有其作。陳祠部郎中姚察有志撰勒，施功未周。但既當朝務，兼知國史，至於陳亡，其書不就。」。

〔註10〕　（唐）劉知幾著、（清）浦起龍釋《史通通釋》卷12〈古今正史〉，頁356。

～618）〔註11〕等人，並將上述人物的生平略述與著作整理如下表格：

表2－1：梁、陳時期領大著作與修當代史者表

杜之偉	1、《陳書》卷34〈杜之偉傳〉，頁454～455。：「（杜）之偉幼精敏，有逸才。七歲，受尚書，稍習詩、禮，略通其學。十五，遍觀文史及儀禮故事，時輩稱其早成。……遷中書侍郎，領大著作〔註12〕……之偉啟求解著作，曰：「臣以紹泰元年（555），忝中書侍郎，掌國史，于今四載。……」尋轉大匠卿，遷太中大夫，仍勒撰梁史」。 2、《隋書》卷35〈經籍志四〉，頁1080。：「陳大匠卿杜之偉集十二卷。」
許亨	1、《陳書》卷34〈許亨傳〉，頁458～459。：「（許）亨少傳家業，孤介有節行。博通群書，多識前代舊事，名輩皆推許之。……遷太中大夫，領大著作，知梁史事。……初撰齊書并志五十卷，遇亂失亡。後撰梁史，成者五十八卷。梁太清之後所製文筆六卷。」 2、《隋書》卷33〈經籍志二〉，頁956。：「梁史五十三卷陳領軍、大著作郎許亨撰。」
許善心	1、《隋書》卷58〈許善心傳〉，頁1424～1430。：「（許善心）在陳歷羽林監、太中大夫、衛尉卿，領大著作……家有舊書萬餘卷，皆徧通涉。……轉侍郎，補撰史學士。……初，善心父撰著梁史，未就而歿。善心述成父志，修續家書，其序傳末，述制作之意曰：『……梁書紀傳，隨事勒成，及闕而未就者，目錄注爲一百八卷。梁室交喪，墳籍銷盡。……有陳初建，詔爲史官，補闕拾遺，心識口誦。依舊目錄，更加修撰，且成百卷，已有六帙五十八卷，上秘閣記。』。」 2、《隋書》卷33〈經籍志二〉，頁980。：「符瑞記十卷許善心撰。」；頁987：「方物志二十卷許善心撰。」

中提到：「陳史，初有吳郡顧野王、北地傅縡各爲撰史學士，其武、文帝紀即顧、傅所修。太建初（569～582）中書郎陸瓊續撰諸篇，事傷煩雜。姚察就加刪改，粗有條貫。及江東不守，持以入關。隋文帝嘗索梁、陳事迹，察具以所成每篇續奏，而依違荏苒，竟未絕筆。」

〔註11〕《隋書》卷58〈許善心傳〉，頁1428～1430。：「初，（許）善心父撰著梁史，未就而歿。善心述成父志，修續家書。其序傳末，述制作之意曰：『……加以庸瑣涼能，孤陋末學，忝職郎署，兼撰陳史，致此（梁）書延時，未即成績。』。」

〔註12〕大著作定義在《隋書》卷26〈百官志上〉，頁723。：「秘書省置監、丞各一人，郎四人，掌國之典籍圖書。著作郎一人，佐郎八人，掌國史，集注起居。著作郎謂之大著作。」

許善心	3、《舊唐書》卷 47〈經籍志下〉，頁 2034。：「皇隋瑞文十四卷許善心撰。」。
沈約	1、《梁書》卷 13〈沈約傳〉，頁 233～243。：「（沈約）博通羣籍，能屬文。……約歷仕三代，該悉舊章，博物洽聞，當世取則。暉善爲詩，任彥昇工於文章，約兼而有之，然不能過也。……所著晉書百一十卷，宋書百卷，齊紀二十卷，高祖紀十四卷，邇言十卷，諡例十卷，宋文章志三十卷，文集一百卷，皆行於世。」。
周興嗣	1、《梁書》卷 49〈周興嗣傳〉，頁 697～698。：「周興嗣年十三，遊學京師，積十餘載，遂博通記傳，善屬文。……（天監）九年（510），……佐撰國史。十二年，遷給事中，撰史如故。……所撰皇帝實錄、皇德記、起居注、職儀等百餘卷，文集十卷。」。 2、《隋書》卷 32〈經籍志一〉，頁 942。：「千字文一卷梁給事郎周興嗣撰。」。 3、《隋書》卷 33〈經籍志二〉，頁 960。：「梁皇帝實錄三卷周興嗣撰。記武帝事。」。 4、《新唐書》卷 58〈藝文志二〉，頁 1471。：「周興嗣梁皇帝實錄二卷。」。
鮑行卿〔註13〕	1、《南史》卷 62〈鮑泉傳〉，頁 1530。：「時又有鮑行卿以博學大才稱，……。上玉璧銘，武帝發詔褒賞。好韻語，……。有集二十卷，撰皇室儀十三卷，乘輿龍飛記二卷。」。 2、《舊唐書》卷 46〈經籍志上〉，頁 1992。：「宋春秋二十卷鮑衡卿撰、乘輿龍飛記二卷鮑衡卿撰。」。；頁 2009。：「皇室書儀十三卷鮑行卿撰。」。 3、《新唐書》卷 58〈藝文志二〉，頁 1490。：「鮑衡卿皇室書儀十三卷。」。
謝昊〔註14〕	1、《隋書》卷 33〈經籍志二〉，頁 956。：「梁書四十九卷梁中書郎謝昊撰，本一百卷。」。；頁 961。：「梁皇帝實錄五卷梁中書郎謝昊撰。」。 2、《隋書》卷 34〈經籍志三〉，頁 1007。：「物始十卷謝昊撰。」；頁 1010：「皇帝菩薩清淨大捨記三卷謝昊撰，亡。」。 3、《舊唐書》卷 46〈經籍志上〉，頁 1990。：「梁書三十四卷謝昊、姚察等撰。」。

〔註13〕王樹民，《史部要籍解題》，頁 76。中提到：「一有說法爲鮑衡卿。」。
〔註14〕一有說法認爲謝昊，可參考王樹民，《史部要籍解題》，頁 76。；張舜徽主編，《中國史學名著題解》（北京：中國青年，1984.02），頁 99。

謝昊	4、《舊唐書》卷 47〈經籍志下〉，頁 2034。：「物始十卷謝 昊撰。」。 5、《新唐書》卷 58〈藝文志二〉，頁 1460。：「謝昊梁典三 十九卷」。 6、《新唐書》卷 58〈藝文志二〉，頁 1471。：「謝昊梁皇帝 實錄五卷。」。
何之元	1、《陳書》卷 34〈何之元傳〉，頁 465～466。：「（何之元） 之元幼好學，有才思……草創爲三十卷，號曰梁典。」。
劉璠	1、《周書》卷 42〈劉璠傳〉，頁 760～761。：「劉璠字寶義，…… 梁天監初，爲著作郎。璠九歲而孤，居喪合禮。少好讀 書，兼善文筆。」。；頁 765：「天和三年卒（568），時 年五十九。著梁典三十卷，有集二十卷，行於世。」。 2、《隋書》卷 32〈經籍志一〉，頁 916。：「毛詩詩義四卷，毛 詩箋傳是非二卷，並魏秘書郎劉璠撰。」。
顧野王	1、《陳書》卷 30〈傅縡傳〉，頁 399～400。：「（顧野王） 長而遍觀經史，精記嘿識，天文地理、蓍龜占候、蟲篆 奇字，無所不通。……（太建）六年（574），除太子率 更令，尋領大著作，掌國史，知梁史事……其所撰著玉 篇三十卷，輿地志三十卷，符瑞圖十卷，顧氏譜傳十卷， 分野樞要一卷，續洞冥紀一卷，玄象表一卷，並行於世。 又撰通史要略一百卷，國史紀傳二百卷，未就而卒。有 文集二十卷。」。 2、《隋書》卷 32〈經籍志一〉，頁 943。：「玉篇三十一卷陳 左衛將軍顧野王撰。」。 3、《隋書》卷 35〈經籍志四〉，頁 1080。：「陳左將軍顧野 王集十九卷。」。 4、《舊唐書》卷 46〈經籍志上〉，頁 1990。：「陳書三卷顧 野王撰。」。 5、《新唐書》卷 58〈藝文志二〉，頁 1456。：「顧野王陳書 二卷。」。
傅縡	1、《陳書》卷 30〈傅縡傳〉，頁 400～406。：「（傅縡）長 好學，能屬文。……尋召爲撰史學士。……有集十卷行 於世。」。 2、《舊唐書》卷 46〈經籍志上〉，頁 1990。：「（陳書）又 三卷傅縡撰。」。
陸瓊	1、《陳書》卷 30〈陸瓊傳〉，頁 396～398。：「（陸瓊）勤 苦讀書，晝夜無息，遂博學，善屬文。……又領大著作， 撰國史。……有集二十卷行於世。」。

陸瓊	2、《隋書》卷 33〈經籍志二〉，頁 956。:「陳書四十二卷記宣帝，陳吏部尚書陸瓊撰。」。
許善心	1、《隋書》卷 58〈許善心傳〉，頁 1424～1430。:「（許善心）在陳歷羽林監、太中大夫、衛尉卿，領大著作……家有舊書萬餘卷，皆徧通涉。……轉侍郎，補撰史學士。……初，善心父撰著梁史，未就而歿。善心述成父志，修續家書。……加以庸瑣涼能，孤陋末學，忝職郎署，兼撰陳史，致此（梁）書延時，未即成績。」。

除了上述這些人外，若以修當代「國史」者來搜索〔註15〕，曾修梁史者可能還會有傅昭（454～528）、裴子野（469～520）、劉顯（481～543）、劉杳（487～536）等人。至於修陳史者可能還會有虞荔（503～561）〔註16〕、周弘直（500～575）、徐陵（507～583）、庾持（508～569）等人，將上述曾修纂當代國史人物的生平略述與著作整理如下表格:

〔註15〕（唐）劉知幾著、（清）浦起龍釋《史通通釋》卷 3〈書志〉，頁 59。中提到:「竊以國史所書，宜述當時之事。」。再者，正史分類的成形，這部份源自於各朝代修國史的行爲，這可從研究目錄學的著作中反映出來。相關研究可參考:鄭鶴聲，《中國史部目錄學》（台北:華世，1985.10），頁 57。一文中提到:「隋志因緣七錄，勒爲四部，其分部題目，多依阮錄。以史目言之，隋志史部分正史、古史、雜史、霸史、起居注、舊事、職官、儀注、刑法、雜傳、地理、譜系、簿路十三目。正史古史，所以紀紀傳編年，阮錄則以國史統之。」;許世瑛編著，《中國目錄學史》（台北:中國文化大學，1982.10），頁 55。一文中提到:「（隋志）至於類名亦有改動，如易國史爲正史。」;昌彼得、潘美月合著，《中國目錄學》（台北:文史哲，1986.09），頁 138。一文中提到:「隋志將其國史類各依體裁，衍分爲正史。」;但是還有不同於目錄分類的說法，如.雷家驥，〈唐初官修史著的基本觀念與意識〉，《國立師範大學歷史學報》，第 15 期（1987.06），頁 5（31）。一文中認爲:「國家全史逐漸發展成爲『正史』，實與正統論史學有關。」;逯耀東，〈《隋書·經籍志·史部》及其〈雜傳類〉的分析〉，收入於氏著《魏晉史學的思想與社會基礎》（台北:東大發行，2000），頁 74。一文中提到:「將紀傳體列爲正史，可能與前述史學脫離經學而獨立的發展過程，有某種程度的關聯性。」。這部份在第四章第一節正史觀念的定型中有說明國史到正史的轉變。

〔註16〕虞荔曾任大著作，大著作定義在《隋書》卷 26〈百官志上〉，頁 723。中提到:「祕書省置監、丞各一人，郎四人，掌國之典籍圖書。著作郎一人，佐郎八人，掌國史，集注起居。著作郎謂之大著作。」，所以大著作有掌國史之職，因此將虞荔列入修陳國史之中。

表2－2：梁、陳時期修國史者表

傅昭	1、《梁書》卷26〈傅昭傳〉，頁393。：「（傅昭）梁臺建，遷給事黃門侍郎，領著作郎。」。 2、《梁書》卷40〈劉顯傳〉，頁570。：「五兵尚書傅昭掌著作，撰國史。」。 3、《隋書》卷33〈經籍志二〉，頁989。：「百家譜十五卷傅昭撰。」。 4、《舊唐書》卷47〈經籍志下〉，頁2069。「傅昭集十卷。」。
裴子野	1、《梁書》卷30〈裴子野傳〉，頁441～444。：「（裴子野）少好學，善屬文。……且家傳素業，世習儒史，苑囿經籍，遊息文藝。著宋略二十卷，彌綸首尾，勒成一代，屬辭比事，有足觀者。……吏部尚書徐勉言之於高祖，以為著作郎，掌國史及起居注。頃之，兼中書通事舍人，尋除通直正員郎，著作、舍人如故。……野少時，集注喪服、續裴氏家傳各二卷，抄合後漢事四十餘卷，又敕撰眾僧傳二十卷，百官九品二卷，附益謚法一卷，方國使圖一卷，文集二十卷，並行於世。又欲撰齊梁春秋，始草創，未就而卒。」。 2、《隋書》卷32〈經籍志一〉，頁920。：「喪服傳一卷梁通直郎裴子野撰。」。 3、《隋書》卷35〈經籍志四〉，頁1078。：「梁鴻臚卿裴子野集十四卷。」。 4、《舊唐書》卷46〈經籍志上〉，頁1992。：「名僧錄十五卷裴子野撰。」。 5、《新唐書》卷59〈藝文志三〉，頁1539。：「裴子野類林三卷。」。
劉顯	1、《梁書》卷40〈劉顯傳〉，頁570～571。：「五兵尚書傅昭掌著作，撰國史，引（劉）顯為佐。……友人劉之遴啟皇太子曰：「……竊痛友人沛國劉顯，韞櫝藝文，研精覃奧，聰明特達，出類拔萃。」。 2、《隋書》卷33〈經籍志二〉，頁953。：「漢書音二卷梁尋陽太守劉顯撰。」。
劉杳	1、《梁書》卷50〈劉杳傳〉，頁715～717。：「杳少好學，博綜羣書，……尋佐周捨撰國史。……俄有敕代裴子野知著作郎事……杳自少至長，多所著述。撰要雅五卷，楚辭草木疏一卷，高士傳二卷，東宮新舊記三十卷，古今四部書目五卷，並行於世。」。 2、《隋書》卷34〈經籍志三〉，頁1009。：「壽光書苑二百卷梁尚書左丞劉杳撰。」。

劉杳	3、《隋書》卷 35〈經籍志四〉，頁 1055。：「離騷草木疏二卷劉杳撰。」。 4、《新唐書》卷 60〈藝文志四〉，頁 1575。：「劉杳離騷草木蟲魚疏二卷。」。
虞荔	1、《陳書》卷 19〈虞荔傳〉，頁 256。：「（虞）荔幼聰敏，有志操……及長，美風儀，博覽墳籍，善屬文。……但以文史見知，當時號為清白。……高祖崩，文帝嗣位，除太子中庶子，仍侍太子讀書。尋領大著作。」。
周弘直	1、《陳書》卷 24〈周弘正傳〉，頁 310～311。：「（周）弘直字思方，幼而聰敏……天嘉中（560～565），……掌國史。……。有集二十卷。」
徐陵	1、《陳書》卷 26〈徐陵傳〉，頁 325～332。：「（徐陵）博涉史籍，縱橫有口辯……（天嘉）四年（563），遷五兵尚書，領大著作。……天康元年（566），遷吏部尚書，領大著作。」。 2、《隋書》卷 35〈經籍志四〉，頁 1080。：「陳尚書左僕射徐陵集三十卷。」；頁 1084：「玉臺新詠十卷徐陵撰。」。；頁 1085：「陳郊廟歌辭三卷並錄。徐陵撰。」。 3、《舊唐書》卷 47〈經籍志下〉，頁 2033。：「名數十卷徐陵撰。」。；頁 2034：「文府七卷徐陵撰，宗道寧注。」。；頁 2080：「六代詩集鈔四卷徐陵撰。」。
庾持	1、《陳書》卷 34〈庾持傳〉，頁 457～458。：「光大元年（567），（庾持）遷秘書監，知國史事。……持善字書，每屬辭，好為奇字，文士亦以此譏之。有集十卷。」。

上述這些史家留下來的史著可能是姚氏父子修纂《梁書》、《陳書》時，所參考的文本，然可惜的是無法明確知曉姚氏父子採用的資料，是由何人所著以及參考多少卷，這是值得再去探究的地方，但卻可補足《舊唐書》與《史通》對姚氏父子採用諸家著作的看法。〔註17〕

到了唐高祖武德年間（618～626）時，由於令狐德棻（583～666）的建議，於是唐高祖下詔修前代史：

> 高祖允准其奏，於武德五年（622）十二月詔曰：……大理卿崔善為、中書舍人孔紹安、太子洗馬蕭德言可修梁史：……祕書監竇璡、給

〔註17〕此部份可參考朱希祖，〈蕭梁舊史考〉，收入於氏著《中國史學通論》，（台北：莊嚴，1977.10），頁 109～149。或是今人鄭鶴聲著、鄭一鈞整理，《正史匯目》，（天津：天津古籍，2009.12）中第十一《梁書》部，頁 242～249 與第十二《陳書》部，頁 250～252。有提到當時及後人對此二書參引書目與後續補編的彙整。

事中歐陽詢、秦王文學姚思廉可修陳史。……歷數年，竟不能就而

罷。〔註18〕

因此在唐朝初年修梁、陳史者還有崔善爲（貞觀初亡）、孔紹安（高祖時死）、
蕭德言（558～654）、竇璉（？～633）、歐陽詢（557～641）、殷聞禮（武德
中亡）〔註19〕等人。不論是在陳朝還是唐朝，最後仍以「不能就而罷」（其原
因請參本章第三節成書的延宕）而使修史之業受挫，於是又於唐太宗貞觀三
年（629）再度下詔修前代史：

　　貞觀三年（629），太宗復敕修撰，乃令……著作郎姚思廉修梁、陳

　　史；祕書監魏徵修隋史，與尚書左僕射房玄齡總監諸代史。〔註20〕

不過唐太宗的下詔修史，即是最後一次修前代史的統整，即以魏徵（580～643）
與姚思廉（？～637）爲主，是修纂梁、陳二史最主要的人物。今天我們檢索
《梁書》、《陳書》卷末史論時，留有魏徵、姚察、姚思廉所署名的的史論，
魏徵是以「史臣侍中鄭國公魏徵」爲其頭銜、〔註21〕姚察都以「陳吏部尚書
姚察」但另有一卷比較不同，是以「史臣陳吏部尚書姚察」爲其頭銜、〔註22〕
姚思廉則是以「史臣」爲其頭銜。〔註23〕所以我們一一審視《梁書》、《陳書》
的內容，將兩書卷末史論署名，統計數量如下表〔註24〕：

〔註18〕《舊唐書》卷 73〈令狐德棻傳〉，頁 2597～2598。；或參（宋）王溥，《唐會
　　　要》卷 63〈修前代史〉（北京：中華書局，1985），頁 1090～1091。；或參（宋）
　　　宋敏求編、楊家駱主編，《唐大詔令集》卷 81〈經史命蕭瑀等修六代史詔〉（台
　　　北：鼎文書局，1972），頁 466～467。

〔註19〕《舊唐書》卷 58〈殷嶠傳〉，頁 2312。：「（殷）嶠從祖弟聞禮，有文學，武
　　　德中，爲太子中舍人，修梁史，未就而卒。」;《舊唐書》卷 73〈令狐德棻傳〉，
　　　頁 2597～2598；或參（宋）宋敏求編、楊家駱主編，《唐大詔令集》卷 81〈經
　　　史命蕭瑀等修六代史詔〉，頁 466～467；或參（宋）王溥，《唐會要》卷 63〈修
　　　前代史〉，頁 1090～1091。中提到：「著作郎殷聞禮修魏史。」。這是一個歧異
　　　的地方，將之列出來。

〔註20〕《舊唐書》卷 73〈令狐德棻傳〉，頁 2598。

〔註21〕《梁書》卷 6〈敬帝本紀〉（北京：中華書局，1973），頁 150。與《陳書》卷
　　　6〈後主本紀〉，頁 117。;《陳書》卷 7〈皇后列傳〉，頁 131。;《梁書》卷
　　　33〈列傳第二十七〉，頁 487。

〔註22〕《梁書》卷 33〈列傳第二十七〉，頁 487。

〔註23〕史臣是指姚思廉本人。據《陳書》卷 27〈姚察傳〉，頁 354～355。卷末史論
　　　曰：「史臣先臣稟茲令德。」。由於此卷是寫姚思廉父親姚察的列傳，所以史
　　　臣應是指姚思廉才。

〔註24〕白壽彝，〈唐初所修八史〉，收入於氏著《中國史學史論集》（北京：中華書局，
　　　2001.10），頁 177。中提到：「《梁書》五十六卷中，有二十八卷載有姚察的史

表2-3：《梁書》、《陳書》卷末史論署名統計表

	《梁書》史論篇數	《陳書》史論篇數
史臣侍中鄭國公魏徵	1	2
陳吏部尚書姚察	26	2
史臣（姚思廉）	27	33

魏徵雖是其中修纂人物之一，不過仍是監修與兼領而已，〔註 25〕以下依據兩條史料來看魏徵在當時的角色：

1、魏徵雖裁其總論，其編次筆削，皆思廉之功也。〔註 26〕

2、徵惟著總論而已。〔註 27〕

魏徵在《梁書》、《陳書》中，留下卷末的史論共有 3 篇，和姚察、姚思廉比起來，雖然份量不多，站在一個統領與監史的角度來看，魏徵所發揮監督的功效重要性仍是有的，是不同於其他曾經參與修史作者之處。至於姚察、姚思廉對二書的貢獻，可據時人劉知幾（661～721）在其《史通》一書中提到：

> 梁史……陳祠部郎中姚察有志撰勒，施功未周。但既當朝務，兼知
> 國史，至於陳亡，其書不就。陳史……太建初（569～582）中書郎
> 陸瓊續撰諸篇，事傷煩雜。姚察就加刪改，粗有條貫。及江東不守，
> 持以入關。隋文帝嘗索梁、陳事迹，察具以所成每篇續奏，而依違
> 荏苒，竟未絕筆。皇家貞觀初，其子思廉爲著作郎，奉詔撰成二史，
> 於是憑其舊稿，加以新錄，彌歷九載，方始畢功。定爲梁書五十卷、
> 陳書三十六卷，今並行世焉。〔註 28〕

是知今傳《梁書》、《陳書》以姚思廉在其父舊稿基礎上加以新撰而成的。

論。」：熊清元，〈姚氏父子與《梁書》〉，《黃岡師範學院學報》，卷 21 第 2
期（2001.04），頁 9。中提到：「《梁書》五十六卷，篇末史論題『陳吏部尚書
姚察曰』者二十七卷，題『史臣』者二十九卷。」以上諸文在史數目與筆者
統計上有所不同，特別說明之。

〔註25〕（唐）李林甫，《唐六典》卷9〈中書省集賢院史館甌使條〉（北京：中華書局，
1992.01），頁 281。中提到：「史館史官……皇朝曰著作局，貞觀初，別置史
館於禁中，專掌國史，以他官兼領。」。

〔註26〕《舊唐書》卷 73〈姚思廉傳〉，頁 2593。

〔註27〕（宋）晁公武，《郡齋讀書志》卷 5〈梁書五十六卷條〉（台北：中文，1978.07），
頁 120a。

〔註28〕（唐）劉知幾著、（清）浦起龍釋《史通通釋》卷 12〈古今正史〉，頁 356。
不過《梁書》應該是五十六卷，劉知幾可能有誤。

總之，上述從梁、陳至唐曾參與修纂《梁書》、《陳書》，卻因現今二書提名為姚思廉所撰而受到忽略，這是值得注意的地方。《梁書》、《陳書》屬於唐修五代史的其中兩本，魏徵又是擔任梁、陳、齊、周、隋五代史監修官，魏徵除有一定地位與貢獻外，更是靈魂人物之一。不過主要主筆者仍是以姚察、姚思廉父子為主，可從上述《梁書》、《陳書》卷末史論統計表中可看出，在《梁書》中兩者比例相近，但是在《陳書》裡就以姚思廉居多，二書雖有不同史論留下外，實際上正反映二書是姚氏父子共同的創作與子承父業。〔註29〕因此郝潤華認為：「姚察在撰寫梁、陳二史時已經撰寫、制定好了體例，但在他生前卻沒有完成，在臨終之前，他將編撰二史的任務交代給了其子姚思廉，並要求他按照事先定好的體例進行。」〔註30〕《梁書》、《陳書》二書可看成是父子相傳之業。〔註31〕今留下《梁書》五十六卷、《陳書》三十六卷，其實是在梁、陳二朝代時，姚思廉在父親姚察對梁、陳二史已有的基礎上加以完成，所以《梁書》、《陳書》都應算是姚察、姚思廉父子共同努力下的心血，兩書是一體的，而日後主要總其成者則以姚思廉為主。

第二節 官方認可修史

本節主要討論《梁書》、《陳書》為私修或是官修之作品呢？在這方面的論述各有不同：1、金毓黻認為：「梁、陳、北齊三書，官修其名，而私撰其實也。」〔註32〕2、楊翼驤提及：「甚而有官方大員曾略為參預，但主要是由一人撰成的，如李百藥的《北齊書》、姚思廉的《梁書》和《陳書》等，這些史書，雖然都奉帝王之命，已帶有官方色彩，而實際上仍是私修。」〔註33〕3、齊文心提到：「魏晉南北朝時期的歷史資料有以下特點：私史特多。……《梁書》、《陳書》名義上是唐太宗時的官修史書，但姚察在隋已撰《梁書帝紀》七卷，又撰《陳書》二卷，唐太宗令其子思廉續修成書。這種史書有官

〔註29〕《陳書》卷 27〈姚察傳〉，頁 354。中提到：「梁、陳二史本多是察之所撰，其中序論及紀、傳有所闕者，臨亡之時，仍以體例誡約子思廉，博訪撰續，思廉泣涕奉行。」。

〔註30〕郝潤華，《六朝史籍與史學》（北京：中華書局，2005.03），頁 169。

〔註31〕白壽彝，〈唐初所修八史〉，收入於氏著《中國史學史論集》，頁 177。

〔註32〕金毓黻，《中國史學史》，頁 80。

〔註33〕楊翼驤，〈唐末以前官修史書要錄〉，收入於氏著《學忍堂文集》（北京：中華書局，2002），頁 348～349。

修之名，實際上乃是父子相續的私人著作。可見有關魏晉南北朝時期的正史以私修者為多。」；〔註34〕4、邱添生言及：「五代史係由唐初二帝先後下詔敕修，凡歷時十五年（622～636）才相繼完成，形式上皆列為官修之史，事實上則恐非盡然。」；〔註35〕5、臧世俊敘及：「《梁書》是唐初官修五史中的一部，說是官修，其實是私著。」；〔註36〕6、高敏論及：「《梁書》、《陳書》集成書於唐初的《隋書》、《晉書》、《南史》、《北史》等等，都是官修史書。」；〔註37〕7、翦伯贊則是提出：「所謂正史，都是官撰的史書。」的論點〔註38〕。

　　大體上大都認為《梁書》、《陳書》是以私人修史為結論，除了高敏與翦伯贊提出官修正史的不同看法外；上述諸家都是用整體論述來概括《梁書》、《陳書》的情況，但是以官修或是私修帶過其中官方的態度與修史過程，不免會有以偏概全的現象。在探討《梁書》、《陳書》是官修還是私修之前，應該先定義何謂官修之史？筆者認為官修史書有以下形式。1、官方下詔修史：如.〈修晉書詔〉等，〔註39〕由國家明確下詔修史；2、修完成書後進表上呈朝廷：如.司馬光的〈進《資治通鑑》表〉。〔註40〕上述是官修應無庸置疑，即所謂官方許其修史或是將修纂的工作集中於官方之手，〔註41〕國家並時時注意修史的情形，並由官方公佈、刻印與對掌控歷史解釋權。

　　《梁書》、《陳書》的完成從梁朝、陳朝、隋代到唐代開館修史的這段時間，二書歷時許久；再者，唐代設館修史，國家將史官和史館制度充分的發展和進一步的完善，〔註42〕在中國史學史發展上是一個劃時代的改變，更不應以私人修史或是官修正史的結論草草帶過，以下筆者將一一從梁朝、陳朝、

〔註34〕 齊文心等編，《國史史料學》（上）（台北：嵩高，1985），頁170～171。

〔註35〕 邱添生，〈唐初纂修前代正史析論〉收入於國立中興大學歷史系主編，《第三屆中西史學史研討會論文集》（台中：久洋，1991.02），頁367。

〔註36〕 臧世俊，《梁書》略論〉，《歷史教學問題》，第4期（1992.04），頁52。

〔註37〕 高敏，〈論述魏晉南北朝時期史學的興盛及其特徵和原因〉，《史學史研究》，第3期（1993），頁57。

〔註38〕 翦伯贊，〈論中國文獻學上的史料〉，收入於氏著《史學理念》（重慶：重慶，2001.10），頁26。

〔註39〕 （宋）宋敏求編、楊家駱主編，《唐大詔令集》卷81〈修晉書詔〉，頁467。

〔註40〕 （宋）司馬光，《司馬溫公文集》卷1〈進資治通鑑表〉（北京：中華書局，1985），頁14～15。

〔註41〕 邱添生，〈唐代設館修史制度探微〉，《國立台灣師範大學歷史學報》，第14期（1986.06），頁9～10。

〔註42〕 牛潤珍，《漢至唐初史官制度的演變》（河北：河北教育，1999.01）。

隋代和唐代各個時期來細索《梁書》、《陳書》修撰時，官方的態度與應對情形，來做歸納與推論。

梁朝末年的時候姚察已經開始修梁史，姚察最初只是杜之偉（508～559）的佐著作郎而已，〔註43〕依據杜之偉敘述自己當時撰史的情形，如下：

> （杜）之偉啟求解著作，曰：「臣以紹泰元年（555），忝中書侍郎，掌國史，于今四載。……堯朝皆讓，誠不可追，陳力就列，庶幾知免。」優勑不許。尋轉大匠卿，遷太中大夫，仍勑撰梁史。永定三年（559）卒，時年五十二。〔註44〕

此處的撰史，應是指修梁史才是，而且是經由奉勑修當朝國史。

梁朝滅亡（557）以後，陳朝建立，由於杜之偉在永定三年（559）病歿，所以徐陵（507～583）就沿用杜之偉原有的佐著作郎——姚察，接續修撰梁史，〔註45〕這是姚察在陳朝以正式的身份參與修史，直到後主即位的時候，仍是官方勑撰命姚察修梁史，《陳書‧姚察傳》中提到：

> （陳宣帝）高宗時（569～582）……。（姚察）俄起爲戎昭將軍，知撰梁史事，固辭不免。後主纂業、勑兼東宮通事舍人，將軍、知撰史如故。又勑專知優冊謚議等文筆。至德元年（583），除中書侍郎，轉太子僕，餘並如故。〔註46〕

國家同意修國史的情形到陳後主在位的最後一年仍是如此，在《梁書》、《陳書》卷末史論中留有「陳吏部尚書姚察曰」，表示姚察曾任吏部尚書一職，〔註47〕耙梳相關史料以後，在《陳書》後主本紀中發現一條史料，即「至德二年（588）冬十月……以度支尚書、領大著作姚察爲吏部尚書。」，〔註48〕從這

〔註43〕《陳書》卷 27〈姚察傳〉，頁 348。中提到：「中書侍郎領著作杜之偉與察深相眷遇，表用察佐著作，仍撰史。」

〔註44〕《陳書》卷 34〈杜之偉傳〉，頁 455。

〔註45〕《陳書》卷 27〈姚察傳〉，頁 348。中提到：「永定（557～559）初，……吏部尚書徐陵時領著作，復引爲史佐，及陵讓官致仕等表，並請察製焉，陵見歎曰『吾弗逮也』。」

〔註46〕《陳書》卷 27〈姚察傳〉，頁 349。

〔註47〕吏部尚書一職其實與南朝史學發展有一定的相關性，像是《後漢紀》作者袁宏曾任吏部郎，其他像是《宋書》作者沈約、《南齊書》作者裴子野、文學家徐陵曾領大著作以及姚察等，都曾任吏部郎或吏部尚書，都顯示吏部尚書此職與南朝史學發展或有一定的關連性，只是此非本文研究課題，待來人可加以研究之。

〔註48〕《陳書》卷 6〈後主本紀〉，頁 116。

條史料得知在陳朝滅亡前（589），姚察修史的情形仍受到後主重視，因為朝廷任命其吏部尚書要職，除了表示姚察的重要外，更顯示出修國史是受到官方的認同下才可執行的。

　　隋文帝南下滅陳統一全國以後，北周、北齊與陳朝的制度融合成日後隋代文化的基礎；〔註49〕隋朝在軍事征服江南後，統治南方方面，採取高壓政策，對其人物予以抑制與歧視，基本上將他們排除在政治權力的中心之外。〔註50〕但是姚察入隋以後，仍受到隋朝的重用。隋文帝曾對朝臣說：「聞姚察學行當今無比，我平陳唯得此一人。」。〔註51〕至於隋朝在史學撰寫方面則是採官方控制歷史解釋權的局面，因此有「詔人間有撰集國史、臧否人物者，皆令禁絕」這項規定，〔註52〕但姚察仍受詔繼續修梁、陳二代史，修前代史是得要朝廷認可才能進行的。〔註53〕不然私家修史者，可能會惹禍上身，如.王劭私修齊書引起高祖發怒等。〔註54〕因而修國史者還是要得到官方同意才可執行，凡此，對後來隋唐史學也產生影響，推動了後來唐修國史與史館制度的確立。〔註55〕姚察死（606）後，其子姚思廉上表陳父遺言，朝廷更有詔書許其「續成梁、陳史」。〔註56〕

　　隋亡以後，《梁書》、《陳書》此時並未完稿，修史情形進入另一個轉折，除了有唐高祖、太宗本身對史學的重視因素外，〔註57〕具體推行修史行為則是下詔修前代史，如.〈經史命蕭瑀等修六代史詔〉、〔註58〕貞觀修前代史詔等〔註59〕。其中最重大的措施莫過於設立史館來修前代史，依《唐會要》所載如下：

〔註49〕陳寅恪，《隋唐制度淵源略論稿》（台北：台灣商務，1994.07），頁1。
〔註50〕王永平，《中古士人文化遷移與文化交流》（北京：社會科學文獻，2005.06），頁243。
〔註51〕《陳書》卷27〈姚察傳〉，頁352。
〔註52〕《隋書》卷2〈高祖本紀下〉，頁37～38。
〔註53〕《陳書》卷27〈姚察傳〉，頁352。中提到：「陳滅入隋，開皇九年，詔授祕書丞，別勑成梁、陳二代史。」
〔註54〕《隋書》卷69〈王劭傳〉，頁1601。中提到：「高祖受禪，授著作佐郎。以母憂去職，在家著齊書。時制禁私撰史，為內史侍郎李元操所奏。上怒。」
〔註55〕謝保成，《隋唐五代史學》（廈門：廈門大學，1995.01），頁15。
〔註56〕《舊唐書》卷73〈姚思廉傳〉，頁2592。
〔註57〕張榮芳，〈唐代君主的史學教育〉，收入於國立中興大學歷史系主編，《第二屆中西史學史研討會論文集》（台中：久洋，1987.08），頁125～160。
〔註58〕（宋）宋敏求編、楊家駱主編，《唐大詔令集》卷81〈經史命蕭瑀等修六代史詔〉，頁466～467。
〔註59〕《舊唐書》卷73〈令狐德棻傳〉，頁2598。

武德初，因隋舊制，隸祕書省著作局。貞觀三年閏十二月，移史館
於門下省北，宰相監修，自是著作局始罷此職。及大明宮初成，置
史館於門下省之南。〔註60〕

史館修史之地是當時政治上的重心，顯示官方加強對修史的控制，〔註61〕呈
現政府對修國史的看重。再者，六、七世紀之間，君主控制歷史已嚴，國史
修撰權，議論權皆在禁止之列〔註62〕，因此國史更加不能出於私下修撰，是
要受到政府許可後才可以執行修史，日後李延壽的《南史》、《北史》雖是私
修，還是要經過當時監督總修史者令狐德棻的同意，才可成為國史之部與刊
行，〔註63〕所以在唐代修纂國史，還是要官方認可同意才是。

　姚思廉在唐代修《梁書》、《陳書》時自稱史臣，〔註64〕史館由宰相監修
國史，下設史館修撰從事編述以後，這些措施，是「中國中世紀史書編纂工
作上一個重要變化，顯示出封建中央政府對歷史著述的控制越來越嚴，所謂
紀傳體的正史從此都由封建政府掌修，私家著述越來越少了。」〔註65〕史臣
的臣表示臣服於王室，顯示出史臣可能失去過往先秦史官秉筆直書的獨立
性。〔註66〕由於受到官方上的控制，史書中出現為王室隱諱、替皇家避諱等

〔註60〕（宋）王溥，《唐會要》卷63〈史館移置〉，頁1089。

〔註61〕張榮芳，〈考論得失・懲惡勸善──史官制度〉，收入於鄭欽仁主編，《中國文
　　　化新論制度篇──立國的宏規》（台北：聯經，1983.04），頁348。

〔註62〕雷家驥，〈四至七世紀「以史制君」觀念對官修制度的影響〉，收入於國立中
　　　興大學歷史系主編，《中西史學史研討會論文集》（台中：久洋，1986.01），頁
　　　52～53。

〔註63〕《北史》卷100〈序傳〉（北京：中華書局，1974），頁3344。中提到：「其南
　　　史先寫訖，以呈監國史、國子祭酒令狐德棻，始末蒙讀了，乖失者亦為改正，
　　　許令聞奏。次以北史諸知，亦為詳正。」。此外上述自序頁3345中也提到私
　　　修是不被允許的：「既撰自私門，不敢寢默，又未經聞奏，亦不敢流傳。」。
　　　令狐德棻在五代史編修時的重要性，待本書第四章第一節正史觀念的定型中
　　　有提及。

〔註64〕此處史臣是指姚思廉本人。據《陳書》卷27〈姚察傳〉，頁354～355。卷末
　　　史論曰：「史臣先臣稟茲令德。」。由於此卷是寫姚思廉父親姚察的列傳，所
　　　以史臣應是指姚思廉才是。

〔註65〕韓國磐，《隋唐五代史綱》，（北京：新華書店，1979.05），頁496。

〔註66〕此外，北朝時對先秦史官的任務和史官的功用，有如此之看法，根據《周書》
　　　卷38〈柳虯傳〉（北京：中華書局，1983.10），頁681。中提到：「古者人君立
　　　史官，非但記事而已，蓋所以為監誡也。動則左史書之，言則右史書之，彰善
　　　癉惡，以樹風聲。故南史抗節，表崔杼之罪，董狐書法，明趙盾之愆。是知直
　　　筆於朝，其來久矣。而漢魏已還，密為記注，徒聞後世，無益當時，非所謂將
　　　順其美，匡救其惡者也。且著述之人，密書其事，縱能直筆，人莫之知。」。

模式，站在官方認可修史的角度來看，就能以同理心理解其立場了，此一部分也將在本書下一章節中有所說明。

從以上史料中，可知《梁書》其實起於梁朝末年就開始修的國史，當時是以杜之偉爲職掌，姚察只是其中佐著作郎之一，這個時候是以官方修史爲主；到了陳朝，宣帝、後主都有下詔續修梁史的情形；隋朝統一南北，由於隋文帝禁止私家修史，因此修國史這方面還是要官方認可才是，梁、陳二史就是在這種環境下由姚察繼續修纂；隋煬帝時下詔姚思廉續修父親姚察所留下來的梁史、陳史舊稿，還是要得到官方認可才可以進行；唐高祖武德修史詔令、太宗貞觀修史詔令，都說明了梁史、陳史仍是要得到官方許可才可修纂。在修史制度上，編修的地方除了是當時政治中心之外，修史者也由史臣統籌，都顯示出修史是受到當權者的注意與控制。總括上述，從梁朝、陳朝、隋代統一，至唐代建立後，由前述諸多史料發現，《梁書》、《陳書》的修纂都是需要經過官方同意才行，修史歷程有其歷史脈絡與相沿而來的，非如次簡略地說歷史著作只是私修或是官修而已，從不同的時代歸納分析出二書是官修之作，更是當朝許可下的代表之作。

第三節　成書的延宕

修纂史書所面臨的狀況，除了官方的態度外，修史者個人所遇到的困境也需要加以考量，正是所謂修史環境中的內在與外在條件。今從修史人物的轉換與環境隨王朝遞嬗的改變，來看《梁書》、《陳書》修史過程中受到的影響，並分析其中成書的歷程。

梁朝在紹泰元年（555）時，姚察隨杜之偉撰修梁史，直到陳朝滅亡以後，仍未完成。陳史的修撰在陳朝時即著手進行，不過至陳朝滅亡以後仍未修畢。學者方北辰認爲，梁陳二朝史書未修成的原因如下：

> 姚察之所以固辭修梁史事，皆因父弟在北，自己對於梁朝與西魏北周相關之大量史事，實難以秉筆直書。既固辭不免，惟有延宕時日而已。〔註67〕

只是方北辰先生未提出具體例證，來論述姚察和在北方父親和兄弟的關係與修史間的變化，所以這只能說是一個歷史的可能性推論。歷史解釋，有賴史

〔註67〕方北辰，《魏晉南朝江東世家大族述論》，（台北：文津，1999.09），頁162。

料來建立，筆者依當時修史的人物，根據史料來做瞭解。首先，先探討《梁書》，在前節提及次要的修史人物，雖有作品但是因時代動盪使得作品受到毀壞；再者，杜之偉本是修梁史的人物，但是後來卻未能完成，身卒以後，修史的任務就轉交到姚察身上。梁亡以後，姚察在陳朝續修梁史，不過根據《陳書‧姚察傳》中提到，姚察歷任尚書祠部侍郎與吏部尚書郎來藻鏡人倫、掌優冊諡議文章、曾報聘於周等，看出姚察應是陳朝重臣之一，〔註68〕使其在撰寫史書上受到分神，以致梁史在陳朝時候仍未完成。再來就是《陳書》的情形，在前節有提到，陳朝時候修陳史的人物中，有顧野王（519～581）、傅縡（陳後主時亡）、陸瓊（537～586）等人，但是這些人卻在後主主政時期（583～589）一一亡故，使得《陳書》編撰上又再度受到延宕。之後隋文帝統一陳朝以後，才又由姚察來撰寫梁、陳二代史書。

隋朝建立以後，《梁書》、《陳書》的修撰，再度落到姚察身上，隋文帝也特別看重姚察，然而，隋文帝大業二年（606），姚察身死，其子姚思廉接續梁、陳二史撰述任務，但仍未完成，這又可能與隋煬帝於大業五年（609）的時候命他協助崔祖濬修《區宇圖志》，而使修史事業再度受到中挫。〔註69〕，至此《梁書》、《陳書》的修撰受到如此多的轉折，直到唐太宗貞觀十年（637）才完成，可見其中過程的曲折。

唐代建立以後，武德四年（621），令狐德棻向高祖進言修前代史：

> 德棻嘗從容言於高祖曰：「竊見近代已來，多無正史，梁、陳及齊，猶有文籍。至周、隋遭大業離亂，多有遺闕。當今耳目猶接，尚有可憑，如更十數年後，恐事跡湮沒。陛下既受禪於隋，復承周氏歷數，國家二祖功業，並在周時。如文史不存，何以貽鑑今古？如臣愚見，並請修之。」〔註70〕

唐高祖接受這個修史進言，所以在武德五年（622）時，下詔修史，爲唐代第

〔註68〕詳可參本文附錄（一）：姚察生平簡表；或參（唐）劉知幾著、（清）浦起龍釋《史通通釋》卷12〈古今正史〉，頁356。：「（姚察）既當朝務，兼知國史，至於陳亡，其書不就。」。

〔註69〕《舊唐書》卷73〈姚思廉傳〉，頁2592。不過未說明修《區宇圖志》的時間，確切時間可參《隋書》卷77〈崔賾傳〉，頁1757。中提到：「（大業）五年，受詔與諸儒撰區宇圖志二百五十卷。奏之。帝不善之，更令虞世基、許善心衍爲六百卷。」。

〔註70〕《舊唐書》卷73〈令狐德棻傳〉，頁2597；或參（宋）王溥，《唐會要》卷63〈修前代史〉，頁1090。

一次修前代史，梁、陳二史的修撰，同時也受到注意，雖然唐高祖頒布詔令，但最後結果失敗，於是在唐太宗貞觀三年，又再次頒布修前代史詔令。所以，唐代兩條重要修前代史詔令中，梁、陳二史就是在此規劃中，重新修纂，今將把高祖武德和貞觀年間修《梁書》、《陳書》人物整理如下表：

表2－4：唐武德、貞觀年間修梁、陳史者表

唐高祖武德五年		唐太宗貞觀三年	
梁史	崔善爲、孔紹安、蕭德言、殷聞禮。	梁、陳史	姚思廉
陳史	竇璡、歐陽詢、姚思廉。		

在這兩條修前代史詔令中，顯現出唐高祖時就有修史的動機，但是卻以未能完成而作收，這其中又有哪些可能的因素呢？在探析之前，首先，將各家對此看法臚列如下：1、魏徵：「各居權要，既不相統攝，撰者無所稟承，歷數年，竟無次序。」〔註71〕2、瞿林東：「這次修史工作，一則由於有些撰述者相繼調離或死去，二則由於缺乏組織工作的經驗，故未能取得具體的成果。」〔註72〕3、邱添生：「或許是由於修撰者個人方面的問題，也可能與稍後武德九年（626）『玄武門事變』的儲位之爭有所關連。」〔註73〕4、謝保成指出：「武德五年（622）詔修魏、齊、周、隋、梁、陳六代史，歷數年竟不能就而罷，除了政治、經濟等方面的因素外，缺乏一個強有力的組織機構，不能不是重要原因之一。」〔註74〕5、熊清元認爲：「思廉又豈能安心撰史！思廉入唐，其時唐王朝政權初定，雖詔修五史，然大約忙於政權鞏固，修史工作未能落實，故歷數載而功不就。」〔註75〕6、岳純之論到：「就其所負責修撰的史書來說，有學術準備者則很少，似只有姚思廉一人。這樣

〔註71〕（唐）王方慶集，《魏鄭公諫錄》卷5〈進五代史〉（北京：中華書局，1985），頁53。
〔註72〕瞿林東，〈盛唐史學的總結性工作〉，收入於氏著《唐代史學論稿》（北京：北京師範大學，1989.03），頁4。
〔註73〕邱添生，〈唐初纂修前代正史析論〉，收入於國立中興大學歷史系主編，《第三屆中西史學史研討會論文集》，頁364～365。
〔註74〕謝保成，《隋唐五代史學》，頁70。
〔註75〕熊清元，〈姚氏父子與《梁書》〉，《黃岡師範學院學報》，頁9。

一個修史班子，其修撰工作進展緩慢也就不足爲怪……，貞觀時期，對修史班子進行了重組。」。〔註76〕

　　上述諸家觀點，反映出歷史解釋的多重性，歷史解釋非出於單一角度與觀點來理解，上述說法只是分析唐高祖武德下詔修前代史整體的狀況，不免有未能盡善的情形，凡此我們仍要把基礎的史料一一檢視才是，接著就將武德年間詔書中曾修《梁書》、《陳書》的人物，即崔善爲、孔紹安、蕭德言、寶璡和歐陽詢等人，耙梳相關史料，把各人物特性與史學經驗整理如下表：

表2－5：唐武德、貞觀年間修梁、陳史者特質與史學經驗表

	梁　　　　　史
殷聞禮（武德中亡）	1、《舊唐書》卷58〈殷嶠傳〉，頁2312。：「（殷）嶠從祖弟聞禮，有文學。」。 2、《舊唐書》卷47〈經籍志下〉，頁2073。：「殷聞禮集十卷。」。 3、《新唐書》卷50〈藝文志〉，頁1598。：「殷聞禮集一卷。」。
崔善爲（貞觀初亡）	1、《大唐新語》卷7〈容恕第十四〉，頁75。：「崔善爲明天文曆算，曉達時務。」。 2、《唐會要》卷39〈定格令〉，頁701。：「其年（武德元年）（618）十一月四日。頒下，……内史舍人崔善爲等。更撰定律令。十二月十二日，又加内史令蕭瑀等，同修之，至七年三月二十九日成。」。 3、《唐會要》卷42〈歷〉，頁750。：「武德九年九月，詔大理卿崔善爲考正歷數，善爲所改，凡三十餘條。」。 4、《舊唐書》卷191〈方伎傳〉，頁5088。：「（崔）善爲好學，兼善天文算曆，明達時務。……自是四方疑獄，多使善爲推按，無不妙盡理。」。
孔紹安（高祖時死）	1、《舊唐書》卷190〈文苑傳上〉，頁4982～4983。：「（孔紹安）少與兄紹新俱以文詞知名。……時有詞人孫萬壽，與紹安篤忘年之好，時人稱爲孫、孔。……尋詔撰梁史，未成而卒，有文集五卷。」。
蕭德言（558～654）	1、《隋書》卷44〈蔡王智積傳〉，頁1225。：「府佐楊君英、蕭德言，並有文學，時延於座。」。 2、《唐會要》卷36〈修撰〉，頁651。：「貞觀五年九月二十七日，祕書監魏徵，撰群書政要，上之。」。太宗欲覽前王得失，爰自六經，訖于諸子。上始五帝，下盡晉年，徵與虞世南褚亮蕭德言等成凡五十卷。上之，諸王各賜一本。

〔註76〕岳純之，《唐代官方史學研究》（天津：天津人民，2003.05），頁52～53。

梁 史	
蕭德言（558～654）	3、《舊唐書》卷189〈儒學傳上〉，頁4952～4953。：「（蕭）德言博涉經史，尤精春秋左氏傳，好屬文。貞觀中，除著作郎，兼弘文館學士。……文集三十卷。」 4、《新唐書》卷198〈儒學傳上〉，頁5653。：「太宗欲知前世得失，詔魏徵、虞世南、褚亮及德言衰次經史百氏帝王所以興衰者上之，帝愛其書博而要，曰：『使我稽古臨事不惑者，公等力也！』。」
陳 史	
竇璡（？～633）	1、《舊唐書》卷61〈竇璡〉，頁2371。：「（竇）璡字之推，抗季弟也。大業末，為扶風太守。……璡頗曉音律。武德中，與太常少卿祖孝孫受詔定正聲雅樂，璡討論故實，撰正聲調一卷，行於代。」
歐陽詢（557～641）	1、《隋書》卷76〈潘徽傳〉，頁1747。：「煬帝嗣位，詔徽與著作佐郎陸從典、太常博士褚亮、歐陽詢等助越公楊素撰魏書，會素薨而止。」 2、《唐會要》卷36〈修撰〉，頁651。：「武德七年九月十七日，給事中歐陽詢，奉敕撰藝文類聚成，上之。」 3、《舊唐書》卷73〈令狐德棻傳〉，頁2596。：「（武德）五年，遷秘書丞，與侍中陳叔達等受詔撰藝文類聚。」 4、《舊唐書》卷189〈儒學傳上〉，頁4947。：「（歐陽詢）博覽經史，尤精三史。……武德七年，詔與裴矩、陳叔達撰藝文類聚一百卷，……。貞觀初，官至太子率更令、弘文館學士。」

一一審視武德年間修史的史學家後，可得知。修梁史者：1、殷聞禮以文學為見長，修梁史不久後卒；2、崔善為以天文算曆、歷數、律令為見長，卻無相關史學著述；3、孔紹安以文詞著稱，只是在高祖下詔修史後，不久就卒；4、蕭德言以通經史、精春秋、文詞為主，貞觀五年前詔修群書政要，可能影響到修史。修陳史者：1、竇璡以通雅樂、曉音律為重，無相關修史經驗；2、歐陽詢雖精史學，也曾有修撰《魏書》的經驗，但於武德五年時轉修《藝文類聚》，而使修史情況受到阻礙。因此，上述瞿林東先生的觀點其實說出這次修史所遭遇到的難題，此外無統籌機構更是影響重大原因之一。不過筆者在細索上數人物本傳之後發現，無相關史學經驗參與修史，亦是其中一個受人忽略的因素。但也非如岳純之認為只有姚思廉有學術而已，只是有修史經驗者卻受到抽調，如.蕭德言和歐陽詢。然而修史人材未精於史學，

如.崔善爲和竇璉，及早死之外，如.殷聞禮和孔紹安，都使高祖武德修史的成果，受到延宕，其最終結果則是可以逆知的。

唐太宗貞觀十年（636）正月，五代史完成並上呈。〔註77〕修史的時間從開始到完成進呈，要如何去計算，其實見仁見智，如撰寫前的準備時間或書成後的修改時間，算或不算，其結果有很大的出入；〔註78〕因此也形成《梁書》、《陳書》不同成書時間的說法，有1、朱希祖：「是其父子撰成梁陳二史，合約五十五年，可謂專且久矣。」〔註79〕；2、楊家駱：「《梁書》成書前後凡三十餘年；《陳書》成書前後凡十五年。」；〔註80〕3、陶懋炳：「姚氏父子經過近80年的努力才完成《梁書》。」；〔註81〕4、倉修良：「從開皇九年（589）姚察奉詔修兩史開始計算，則兩書的撰成前後經歷四十八年。」；〔註82〕5、陳表義：「以隋開皇九年（589）最後於貞觀十年（636）由姚思廉撰成《梁書》、《陳書》止，前後長達近半世紀才得以完成。」；〔註83〕6、李少雍：「姚氏父子爲撰成這兩部史書共用了約八十年的時間。」；〔註84〕7、黃兆強：「兩史纂修時間爲前後七年。」〔註85〕等看法。若從隋文帝統治全國後（589），繼續修梁、陳史來看，兩書修史的時間到唐代完成其實也算是經歷了半個世紀左右；若是從今所認知唐高祖武德五年（622）下詔到太宗貞觀十年（636）完成，期間總共歷時14年。總之，不同的計算方式，端視切入的角度而定，卻是造成說法歧異之因。不過本節對成書時間的定義，筆者認爲應是從官方允

〔註77〕《舊唐書》卷3〈太宗本紀下〉，頁45～46。：「十年（636）春正月壬子，尚書左僕射房玄齡、侍中魏徵上梁、陳、齊、周、隋五代史，詔藏于秘閣。」。

〔註78〕黃兆強，〈二十六史編纂時間緩速比較研究〉，「東吳大學歷史學系——第四屆史學與文獻學術研討會會議論文集」，（2003年6月13～14日），頁27。

〔註79〕朱希祖，〈蕭梁舊史考〉，收入於氏著《中國史學通論》，（台北：莊嚴，1977.10），頁143。

〔註80〕楊家駱，《廿五史述要》（台北：世界書局，1994.10），頁326。：邱添生，〈唐初纂修前代正史析論〉收入於國立中興大學歷史系主編，《第三屆中西史學史研討會論文集》，頁367。中亦是認爲歷時十五年才完成。

〔註81〕臧世俊，〈《梁書》略論〉，《歷史教學問題》，頁52。

〔註82〕陶懋炳，〈梁書與陳書〉收入於倉修良主編《中國史學名著評介》第一卷（台北：里仁書局，1994.04.01），頁409。

〔註83〕陳表義，〈姚思廉所著梁、陳二書簡論〉，《西北第二民族學院學報（哲學社會科學版）》，第2期（1996），頁68。

〔註84〕李少雍，〈姚氏父子的文筆與史筆——讀《梁書》、《陳書》札記〉，《文學遺產》，第6期（2002），頁80～92。

〔註85〕黃兆強，〈二十六史編纂時間緩速比較研究〉，頁8。

其修史到寫完上呈來計算的，所以《梁書》、《陳書》二書，前者從梁朝末年（555～557）姚察擔任杜之偉的佐著作開始，到貞觀十年修纂完成，歷時約八十年；後者從陳朝太建年間（569～582）〔註86〕修纂，至貞觀十年完成，歷時應有五十年以上，此說是筆者試圖要給二書因陸陸續續編修下經歷的時間，所做的歸納和推斷。

最後，修史時間長短與素質高低亦無必然關係；修史成書緩速與否，實與修史者是否積極（如魏收）、是否具備史才（如司馬遷、陳壽、蕭子顯），以及是否認真（如歐陽修）有莫大關係；〔註87〕再者，修史環境的強化，如.1、整個社會安定和平。2、統治階級比較團結。3、圖書整理取得成效。對修史來說，這當然是極為相宜的外部環境。〔註88〕因此，個人修史動力加上組織的強化，都會有助於修史的。《梁書》、《陳書》修史人物雖多，但其中多未能完成修史重責，半途死去、受到抽離並去做其他的事項，以及無史學相關經驗，都是造成兩書經歷半世紀與武德間延宕許久未成的複雜因素。

〔註86〕 （唐）劉知幾著、（清）浦起龍釋《史通通釋》卷12〈古今正史〉，頁356。
〔註87〕 黃兆強，〈二十六史編纂時間緩速比較研究〉，頁27～28。
〔註88〕 岳純之，《唐代官方史學研究》，頁55。

第三章 《梁書》、《陳書》修史的思想與方法

　　一部史學著作的完成，在撰史方面是有方法的，至於史法可說是歷史編纂法則的簡稱，因為一部史學著作從起草到最後之所以能夠刊行，涉及的層面很多，如史料蒐羅、分類、選擇、解釋、體例編排以及個人史學思想展現等方面，本節就由《梁書》、《陳書》的體例、史論來討論其所隱含的思想和方法。至於修史者在撰史方面是有法則要去遵行，正如唐代史學評論家劉知幾（661～721）曾言：「夫史之有例，猶國之有法。國無法，則上下靡定。史無例，則是非莫准。」〔註1〕。太史公司馬遷《史記》一出，開啟了往後廿五正史修史體例的編排，形成中國正史編撰體例的準則。後漢班彪、班固父子等人合撰的《漢書》將體例略做改變，正如劉知幾所說：

> 漢書家者，其先出於班固。馬遷撰史記，終於今上。自太初已下，
> 闕而不錄。班固因之，演成後記，以續前編。至子固，乃斷自高祖，
> 盡於王莽，為十二紀、十志、八表、七十列傳，勒成一史，目為漢
> 書。昔虞、夏之典，商、周之誥。孔氏所撰，皆謂之「書」。夫以「書」
> 為名，亦稽古之偉稱。尋其創造，皆準子長，但不為「世家」，改「書」
> 曰「志」而已。自東漢以後，作者相仍，皆襲其名號，無所變革，……
> 然稱謂雖別，而體制皆同。〔註2〕

〔註1〕　（唐）劉知幾著、（清）浦起龍釋，《史通通釋》卷4〈序例〉（台北：里仁書局，1993），頁88。

〔註2〕　（唐）劉知幾著、（清）浦起龍釋，《史通通釋》卷1〈六家〉，頁21～22。

因此，自《史記》以後採紀傳體的諸家史著，多沿司馬遷、班固之體制。清人趙翼（1729～1814）也曾說過：

> 司馬遷參酌古今，發凡起例，創為全史。本紀以序帝王，世家以記侯國，十表以繫時事，八書以詳制度，列傳以誌人物，然後一代君臣政事，賢否得失，總彙於一編之中。自比例一定，歷代作史者遂不能出其範圍，信史家之極則也。〔註3〕

上述史料裡，看出《史記》、《漢書》成書後，形成正史體例範本，日後姚察、姚思廉父子在《梁書》、《陳書》本紀與列傳安排上都不脫此，然而呈現方式各有不同，其中有哪些史學思想與方法的展現，又是值得去討論的地方。本節就是探討姚氏父子修史時可能運用的方法，從儒家思想的影響、天人思想的關係及《漢書》家學的撰史三方面，分析姚氏父子如何呈現《梁書》與《陳書》的內容，由此了解姚氏父子修纂史著中的史學思維以及修史方法上的史學意識。

第一節　儒家思想的影響

中國社會政治結構中，儒家思想一直是主要元素之一，自漢武帝採董仲舒獨尊儒術的建議後，儒家漸居於中國思想史上主流的地位，影響歷代政治，並深入於中國社會生活的各個層面，其中史學思想就是反映儒家的一個明顯例證。《梁書》、《陳書》即可用來充分說明其理；二書作者姚察、姚思廉父子即對儒家經術思想有所重視，分別將儒林傳列入《梁書》、《陳書》裡，至於儒家經術的功用在《梁書》、《陳書》中分別有以下：

1、砥身礪行、行大道：

> （梁）高祖有天下，深愍之，詔求碩學，治五禮，定六律，改斗曆，正權衡。天監四年（505），詔曰：「……。朕日昃罷朝，思聞俊異，收士得人，實惟酬獎。可置五經博士各一人，廣開館宇，招內後進。」……（天監）七年，又詔曰：「建國君民，立教為首，<u>砥身礪行，由乎經術</u>。」……高祖親屈輿駕，釋奠於先師先聖，申之以讌

〔註3〕（清）趙翼著、王樹民校證，《廿二史箚記校證》（上）卷1〈各史例目異同〉（北京：中華書局，2001.11），頁3。

語，勞之以束帛，濟濟焉，洋洋焉，<u>大道之行也如是</u>。〔註4〕

2、潤飾吏政：

若新野庾華諸任職者，<u>以經術潤飾吏政</u>，或所居流惠，或去後見思，蓋後來之良吏也。綴爲良吏篇云。〔註5〕

3、樹國崇家、治王政、序人倫：

史臣曰：夫砥身勵行，必先經術，<u>樹國崇家</u>，率由茲道，<u>故王政因之而至治，人倫得之而攸序</u>。〔註6〕

上述經術功用均是儒家思想的具體表現，更成爲個人與國家王政必循法則，加上儒家思想尤以君臣之分爲重，此在《梁書》史論中也有所提及〔註7〕，再再顯示出儒家思想是當時的重要價值；凡此，由於會有「定君臣之位」的情形，對於王室的記載在《梁書》、《陳書》本紀、列傳及史論編纂中，不免出現美化禪讓之位、歌頌王室、隱晦和避名諱的現象，列之如下：

1、美化禪讓之位：

陳吏部尚書姚察曰：昔魏藉兵威而革漢運，晉因宰輔乃移魏曆，異乎古之禪授，以德相傳，故抑前代宗枝，用絕民望。……。有梁革命，弗取前規，故子恪兄弟及羣從，並隨才任職，通貴滿朝，不失於舊，豈惟魏幽晉顯而已哉。<u>君子以是知高祖之弘量，度越前代矣</u>。

〔註8〕

2、歌頌王室：

(1) 史臣曰：<u>高祖革命受終，光期寶運，威德所漸，莫不懷來</u>，其皆殉難身，前後相屬。〔註9〕

(2) 史臣曰：……梁室沸騰，懦夫立志，既身逢際會，<u>見仗於時主，美矣</u>！〔註10〕

〔註4〕《梁書》卷48〈儒林列傳序〉（北京：中華書局，1973），頁661～662。
〔註5〕《梁書》卷53〈良吏列傳序〉，頁766。
〔註6〕《陳書》卷33〈儒林傳〉（北京：中華書局，1992.07），頁450。
〔註7〕《梁書》卷31〈袁昂傳〉，頁456。中提到：「史臣曰：夫天尊地卑，以定君臣之位。」
〔註8〕《梁書》卷35〈列傳第二十九〉，頁516。
〔註9〕《梁書》卷39〈列傳第三十三〉，頁564。
〔註10〕《陳書》卷18〈列傳第十二〉，頁251。

3、隱晦王室其事，如始興王伯茂之死：

> 廢帝即位，時伯茂在都，劉師知等矯詔出高宗也，伯茂勸成之。師
> 知等誅後，高宗恐伯茂扇動朝廷，光大元年（567），乃進號中衛將
> 軍，令入居禁中，專與廢帝遊處。是時四海之望，咸歸高宗，伯茂
> 深不平，日夕憤怨，數肆惡言，高宗以其無能，不以爲意。及建安
> 人蔣裕與韓子高等謀反，伯茂竝陰豫其事。……時六門之外有別館，
> 以爲諸王冠婚之所，名爲婚第，<u>至是命伯茂出居之。於路遇盜，殞
> 于車中</u>，時年十八。〔註11〕

但在《南史》〈始興王伯茂傳〉中卻有不同說法：

> 光大二年（568），皇太后令黜廢帝爲臨海王，其日又下令降伯茂爲
> 溫麻侯。時六門之外有別館，以爲諸王冠昏之所，名爲昏第，至是
> 命伯茂出居之，<u>宣帝遣盜殞之於車中</u>，年十八。〔註12〕

其他像《梁書》中「臨川王宏洛口之敗」〔註13〕，與《陳書》中「衡陽王昌
及梁敬帝之死」，這兩件史事在清人趙翼的《廿二史劄記》中均有提及。〔註
14〕除了替王室隱晦其事外，在唐朝修史中還有「避諱」的現象。和姚氏父子
同時代的顏之推（530～591）對當時避諱的看法，更是認爲「今人避諱，更
急於古。」〔註15〕；到了唐朝，其中甚有「避諱甚者」的情形。〔註16〕避諱

〔註11〕《陳書》卷28〈始興王傳〉，頁359。

〔註12〕《南史》卷65〈始興王茂傳〉（北京：中華書局，1975），頁1578。由於《南史》
成書時間比《梁書》、《陳書》略晚，其正確性又因無從稽考，書中內容的使用
上還是要持保留態度。正如邱添生，〈唐初纂修前代正史析論〉，收入於國立中
興大學歷史系主編，《第三屆中西史學史研討會論文集》（台中：久洋，1991.02），
頁381。一文中認爲：「《南史》、《北史》與南北朝的其他八部正史相互比較，前
者雖有簡明通貫之便，並且也確實增補了一些有關的史實，但是原來見於各正
史中的重要資料，卻也被妄刪了不少。因此，兩者只能相互補充而不可偏廢其
一，這也正是後世仍將其同列於正史之林的原因。」以此一說來補充之。

〔註13〕（宋）葉適，《習學記言》卷32〈南史二〉（上海：上海古籍，1992.01），頁
294。中提到：「洛口非小敗，而梁之君臣不以爲意。……蓋人情所難，本史
闕不載。不知此乃梁所以亡者，何可諱也。」。

〔註14〕參（清）趙翼著、王樹民校證，《廿二史劄記校證》（上）卷9〈陳書多避諱〉，
頁197～198。與同卷10〈南史增梁書有關係處〉，頁216～220。

〔註15〕（北齊）顏之推著、王利器集解，《顏氏家訓集解》卷2〈風操第六〉（北京：
中華書局，1993.12），頁69。

〔註16〕（明）陸容，《菽園雜記》卷4（北京：中華書局，1985），頁44。中提到：「唐
人避諱甚者，父名『岳』，子終身不聽樂；父名『高』，子終身不食糕，父名
『晉肅』，子不舉進士。」。

到唐朝是很盛行的,其中《梁書》、《陳書》中也是有避唐王室諱的情形,此
依宋人周密(1232~1298)將當時之諱字,整理如下:

> 梁武帝小名阿練,子孫皆呼練爲白絹。隋文帝父諱忠,凡郎中皆去
> 中字,侍中爲侍內,中書爲內史,殿中侍御爲殿內侍御,置侍郎不
> 置郎中,置御史大夫不置中丞,以侍書御史代之,中廬爲次廬。至
> 唐又避太子諱,亦以中郎爲旅賁郎將,中書舍人爲內舍人。煬帝諱
> 廣,以廣樂爲長樂,廣陵爲江都。唐世祖諱丙,故以景字代之,如
> 景科、景令,景子之類,是也。唐祖諱虎,凡言虎,率改爲猛獸,
> 或爲武,如武賁、武林之類。李延壽作南北史,易石虎爲石季龍,
> 韓擒虎爲韓擒。高祖諱淵,趙文淵爲趙文深,淵字盡改爲泉。劉淵
> 爲元海,戴淵爲戴若思。太宗諱世民,唐史,凡言世,皆曰「代」,
> 民,皆曰「人」,如烝人,治人,生人,富人侯之類。民部曰「戶部」。

〔註17〕

涉及到隋代、唐朝君主的名諱與字號,都有避諱改字的情形,上述資料看出
梁、陳二書中運用的春秋避諱筆法,即「爲尊者諱、爲親者諱、爲賢者諱」。
〔註18〕唐代史學評論家劉知幾認爲此就有維持「名教」的功能。〔註19〕如此,
春秋筆法是中國傳統史學筆法呈現之一,內容就有出現替王室歌頌、隱晦史
實及避名諱等現象。再者,姚思廉本人對君王的態度還有「護君」與「諫君」
的作爲,如隋朝的「護君」:

> 初大業末思廉爲(隋)代王侑侍讀,及義旗尅京城,時代王府僚多
> 駭散,惟思廉侍王,不離其側。兵士將昇殿,思廉屬聲謂曰:「唐
> 公舉義,本匡王室,卿等不宜無禮於王。」眾服其言,於是稍卻,
> 布列階下。須臾高祖至,聞而義之,許其扶代王侑至順陽閤下,思
> 廉泣拜而去。見者咸歎曰:「忠烈之士,仁者有勇,此之謂乎!」

〔註20〕

〔註17〕 (宋)周密,《齊東野語》卷4〈避諱〉(北京:中華書局,2004.05),頁56。
〔註18〕 (漢)公羊壽傳、(漢)何休解詁、(唐)徐彥疏,《春秋公羊傳注疏·卷9閔
公》,收入於(清)阮元刻,《十三經注疏本》(七)(台北:新文豐,1988),
頁114b。
〔註19〕 (唐)劉知幾著、(清)浦起龍釋,《史通通釋》卷7〈曲筆〉,頁196。中提
到:「史氏有事涉君親,必言多隱諱,雖直道不足,而名教存焉。」
〔註20〕 (唐)吳兢,《貞觀政要》卷5〈忠義第十四〉(台北:台灣中華書局,1962),
頁4a。

唐代的「諫君」：

> 貞觀七年（633），太宗將幸九成宮，散騎常侍思廉進諫曰：「陛下高
> 居紫極寧濟蒼生，應須以欲從人，不可以人從欲，然則離宮遊幸，
> 此秦皇、漢武之事，故非堯、舜、禹、湯之所爲也。」言甚切至。
> 〔註21〕

以上兩條史料中看出姚思廉對當朝君王的尊崇，恪守臣子的分際反映出姚氏
父子有著濃厚的儒家思想。儒家除了有「尊君」觀以外，其中「重孝」更是
重要的思想之一。在《梁書》、《陳書》裡就將孝行列傳列入其中，至於姚氏
父子對孝行的看法，如《梁書》中言：「經云：『夫孝，德之本也。』此生民
之爲大，有國之所先歟！」〔註22〕；又如《陳書》中言：「孔子曰：『夫聖人
之德，何以加於孝乎！』孝者百行之本，人倫之至極也。凡在性靈，孰不由
此。」〔註23〕，重視孝行，在《陳書》中列〈孝行〉傳，並於卷末論贊中也
提到孝行的重要，其言如下：

> 史臣曰：人倫之德，莫大於孝，是以報本反始，盡性窮神，孝乎惟
> 孝，不可不勗矣。〔註24〕

姚氏父子將孝行傳列入史傳內，除宣揚孝行外，並強調「孝」對國家的重要
性。近人黎子耀認爲：「因爲孝義列傳，意在於表揚孝義，義的範圍包括由對
朋友的道義、妻子對丈夫的節義到人臣對君主的忠義。」，〔註25〕所以，史書
對孝行的重視與立傳，確有助於維護社會秩序所需的綱常禮教和道德風俗規
範，將此記入影響後世深遠的史書裡，更是對儒家倫理觀念的延續與保存，
由此看出姚氏父子深受到儒家思想的影響。

反之，對破壞上述綱常禮法者，《梁書》、《陳書》都會將之放置於〈列傳〉
最末，以彰顯不同。茲將《梁書》、《陳書》卷末論贊內容，整理如下表，以
便觀覽：

〔註21〕（唐）吳兢，《貞觀政要》卷2〈納諫第五〉，頁30a。
〔註22〕《梁書》卷47〈孝行列傳序〉，頁647。
〔註23〕《陳書》卷32〈孝行列傳序〉，頁423。
〔註24〕《陳書》卷32〈孝行傳〉，頁431。
〔註25〕黎子耀，〈魏晉南北朝時期的歷史編纂學〉，《杭州大學學報》，卷11 第 1 期
（1981），頁124。

表3-1：《梁書》、《陳書》卷末史論內容表

《梁　　　　書》	出　　處
史臣曰：蕭綜、蕭正德並悖逆猖狂，自致夷滅，宜矣。太清之寇，蕭紀據庸、蜀之資，遂不勤王赴難，申臣子之節；及賊景誅翦，方始起兵，師出無名，成其釁禍。嗚呼！	卷55〈列傳第四十九〉，頁830～831。
史臣曰：……若乃侯景小豎，叛換本國，識不周身，勇非出類，而王偉爲其謀主，成此姦慝。驅率醜徒，陵江直濟，長戟強弩，淪覆宮闕，禍纏宸極，毒徧黎元，肆其恣睢之心，成其篡盜之禍。嗚呼！國之將亡，必降妖孽。雖曰人事，抑乃天時。……漢則莽、卓流災，晉則敦、玄搆禍，方之羯賊，有逾其酷，悲夫！	卷56〈列傳第五十〉，頁864。
《陳　　　　書》	出　　處
史臣曰：……熊曇朗、周迪、留異、陳寶應雖身逢興運，猶志在亂常。曇朗姦慝翻覆，夷滅斯爲幸矣。寶應及異，世祖或敦以婚姻，或處其類族，豈有不能成制，蓋以德懷也。遂乃背恩負義，各立異圖，地匪淮南，有爲帝之志，勢非庸、蜀，啓自王之心。	卷35〈列傳第二十九〉，頁490～491。
史臣曰：孔子稱「富與貴，是人之所欲，非其道得之，不處也」。上自帝王，至于黎獻，莫不嫡庶有差，長幼攸序。叔陵險躁奔競，遂行悖逆，輾碟形骸，未臻其罪，汙瀦居處，不足彰過，悲哉。	卷36〈列傳第三十〉，頁499。

　　上述史論中，梁朝時蕭綜、蕭正德「悖逆猖狂」；甚至將侯景之亂比喻成妖孽；陳代時熊曇朗、周迪、留異、陳寶應「各立異圖」；始興王叔陵「行悖逆」。所引諸人皆是危及梁朝、陳代安危的人物。姚察、姚思廉父子將之寫在該書卷末，比起其他人物列傳編排，歷史評價的高低馬上顯露出來藉由該傳收到「其惡可以誠世，其善可以示後。」的效果，〔註26〕，將作亂者放置卷末更是站在國家考量爲出發點，並對違逆者做出貶抑，透露出姚氏父子對儒家思想中「尊君」的重視，也是史家史識的運用和發揮。

　　總之，強調儒家經術、重君臣尊王室、春秋筆法來寫史、護君諫君行爲將孝行列傳編入史書、對違反君臣觀加以貶抑等，上述都顯現出姚氏父子深受儒家思想的影響，並對儒家的思想於修纂史書裡加以實踐。再者，官修史

〔註26〕（唐）劉知幾著、（清）浦起龍釋，《史通通釋》卷8〈人物〉，頁237。

學背景下，隱晦和避諱現象始終伴隨著史學發展而存在，成為中國史學編纂的傳統，然此是要去考慮史家本身所處時代的侷限性；了解姚氏父子所處的環境，其實可以發現《梁書》、《陳書》裡有著濃厚的儒家觀念，而姚氏父子藉二書來發揮儒家中「重君臣」、「重孝」、「重綱常」等精神，也是更深一層儒家「經世筆法」的展現。

第二節　天人思想的關係

　　中國傳統史學發展中，史學家的角色，正如劉知幾認為：「尋自古太史之職，雖以著述為宗，而兼掌曆象、日月、陰陽、管數。」〔註27〕。如此傳統卻影響著日後史學的發展與解釋。在歷史事件的研究中，因為許多現象和行為似乎不能用「人的意志」來解釋，而是以「天的意志」來做說明。誠如，劉師培認為：「天事人事，相為表裡。天人之學，史實司之。」〔註28〕。再者，呂謙舉言及：

> 中國史學思想統攝了「天道」、「人道」、「治道」三大理型。天道在變易中見，人道在善惡中見，治道在興亡中見。治道是人道的實踐，人道是天道的主體，天道是人道的法則。從這種渾然大全的理型說，天道祇是個「理」，人道是「理」的顯見，治道是「理」的規劃，三者本為一體，而以人道為中心。〔註29〕

所以，中國史學史發展上一直就存在以「天」和「人」關係的歷史解釋。至於「天」和「人」兩者間其實很難去定義，卻是影響著中國哲學、文學以及史學等方面。太史公司馬遷在〈報任安書〉中提到：「凡百三十篇，亦欲以究天人之際，通古今之變，成一家之言。」〔註30〕；然而，「究天人之際」成為日後中國歷代學人所關注的問題之一，司馬遷始終未能給予圓滿的答案，卻

〔註27〕（唐）劉知幾著、（清）浦起龍釋，《史通通釋》卷11〈史官建置〉，頁307。同時李宗侗，〈史官制度——附論對傳統之尊重〉，收入於杜維運、黃進興主編，《中國史學史論文選集》（一）（台北：華世，1979.10），頁75～76。一文中提到：「直到兩漢，太史之職務尚且包括曆算、占卜、望氣等事，足證彼時史仍舊與巫有關，則春秋時代的史官專管天人之間的事，無可置疑了。」

〔註28〕劉師培，〈古學出於史官論〉，收入於杜維運、黃進興主編，《中國史學史論文選集》（一），頁47。

〔註29〕呂謙舉，〈中國史學思想的概述〉，收入於杜維運、黃進興主編，《中國史學史論文選集》（二）（台北：華世，1979.10），頁1075。

〔註30〕《漢書》卷62〈司馬遷傳〉（北京：中華書局，2002.11），頁2735。

留下了一連串的疑惑。然而在《梁書》、《陳書》裡是否有用「天」或「人」來解釋歷史事件呢？姚氏父子對於「天」和「人」的看法又是如何呢？茲就二書相關內容一一來做探討。

　　首先，姚氏父子用「天」與「人」相雜來解釋歷史事件，在《梁書》、《陳書》二書中本紀、列傳及卷末史論評議裡其實是不斷出現「天」、「人」的看法，整理表格如下：

表3－2：《梁書》、《陳書》天人關係表

《梁　　　　書》	出　處
1、高祖固辭。府僚勸進曰：……明公（指梁武帝）宜祗奉天人，允膺大禮。無使後予之歌，同彼胥怨，兼濟之人，飜爲獨善。」公不許。	卷1，〈武帝上〉，頁21。
2、史臣曰：……嗚呼！天道何其酷焉。雖曆數斯窮，蓋亦人事然也。	卷3〈武帝下〉，頁97～98。
3、史臣曰：梁季橫潰，喪亂屢臻，當此之時，天曆去矣，敬皇高讓，將同釋負焉。	卷6〈敬帝〉，頁150。
4、時高祖勳業既就，天人允屬，約嘗扣其端，高祖默而不應……天文人事，表革運之徵，永元以來，尤爲彰著。……若不早定大業，稽天人之望，脱有一人立異，便損威德。	卷13，〈沈約傳〉，頁233～234。
5、陳史部尚書姚察曰：張惠紹、馮道根、康絢、昌義之，初起從上，其功則輕。及群盜焚門，而惠紹以力戰顯；合肥、邵陽之逼，而道根、義之功多；浮山之役起，而康絢典其事：互有厥勞，寵進宜矣。先是鎮星守天江而堰興，及退舍而堰決，非徒人事，有天道矣。	卷18〈列傳第十二〉，頁296。
6、史臣曰：范岫、傅昭，並篤行清慎，善始令終，斯石建、石慶之徒矣。蕭琛、陸杲俱以才學著名。琛朗悟辯捷，加諳究朝典，高祖在田，與琛遊舊，及踐天曆，任遇甚隆，美矣。	卷26〈列傳第二十〉，頁400。
7、史臣曰：夫道不恒夷，運無常泰，斯則窮通有數，盛衰相襲，時屯陽九，蓋在茲焉。若乃侯景小豎，叛換本國，識不周身，勇非出類，而王偉其謀主，成此姦慝。驅率醜徒，陵江直濟，長戟強弩，淪覆宮闕，禍纏宸極，毒徧黎元，肆其恣睢之心，成其篡盜之禍。嗚呼！國之將亡，必降妖孽。雖曰人事，抑乃天時。昔夷羿亂夏，犬戎厄周，漢則莽、卓流災，晉則敦、玄搆禍，方之羯賊，有逾其酷，悲夫！	卷56〈列傳第五十〉，頁864。

《陳　　　　書》	出　　處
8、高祖即皇帝位于南郊，柴燎告天曰：……。先是氛霧，晝夜晦冥，至于是日，景氣清晏，識者知有天道焉。	卷2〈高祖下〉，頁31～32。
9、陳吏部尚書姚察曰：高祖英略大度，應變無方，蓋漢高、魏武之亞矣。及西都盪覆，誠貫天人。	卷2〈高祖下〉，頁40～41。
10、高宗在田之日，有大度幹略，及乎登庸，寔允天人之望。	卷5，〈宣帝〉，頁99。
11、史臣曰：後主昔在儲宮，早標令德，及南面繼業，寔允天人之望矣。	卷6〈後主〉，頁120。
12、至於禮樂刑政，咸遵故典，加以深弘六藝，廣闢四門，是以待詔之徒，爭趨金馬，稽古之秀，雲集石渠。且梯山航海，朝貢者往往歲至矣。自魏正始、晉中朝以來，貴臣雖有識治者，皆以文學相處，罕關庶務，朝章大典，方參議焉，文案簿領，咸委小吏，浸以成俗，迄至于陳。後主因循，未遑改革，故施文慶、沈客卿之徒，專掌軍國要務，姦黠左道，以衰刻爲功，自取身榮，不存國計，是以朝經墮廢，禍生隣國。斯亦運鍾百六，鼎玉遷變，非唯人事不昌，蓋天意然也。	卷6〈後主〉，頁120。
13、史臣曰：高祖撥亂創基，光啓天曆，侯瑱、歐陽頠竝歸身有道，位貴鼎司，美矣。吳明徹居將帥之任，初有軍功，及呂梁敗績，爲失筭也。斯以勇非韓、白，識異孫、吳，遂使疆境喪師，金陵虛弱，禎明淪覆，蓋由其漸焉。	卷9〈列傳第三〉，頁165。
14、史臣曰：陸子隆、錢道戢，或舉門願從，或舊齒樹勳，有統領之才，充師旅之寄。至於受任藩屏，功績竝著，美矣！駱牙識眞有奉，知世祖天授之德，蓋張良之亞歟？牙母智深先覺，符柏谷之禮，君子知鑒識弘遠，其在茲乎！	卷22〈列傳第十六〉，頁297。
15、儒林傳序曰：蓋今儒者，本因古之六學，斯則王教之典籍，先聖所以明天道，正人倫，致治之成法也。	卷33〈儒林列傳序〉，頁433。

　　《梁書》、《陳書》中對於「天」和「人」的論述不斷出現，其實是承繼了中國傳統的辨正思想，討論姚氏父子《梁書》、《陳書》中所顯現的天人思想前，先來探討「天」與「人」之間的辨正關係，此思想可推源自《易經》。因爲《易經》中提到：「易之爲書也，廣大悉備。有天道焉，有地道焉，有人道焉。」〔註31〕，加上《易經》中本就有著「天人感應」〔註32〕的思想。凡

〔註31〕（魏）王弼注、（唐）孔穎達疏，《周易正義・卷8繫辭下》，收入於（清）阮元刻，《十三經注疏本》（一）（台北：新文豐，1988），頁175b。
〔註32〕楊慧傑，《天人關係論》（台北：水牛圖書，1989.06.25），頁193。

此，今人陳桐生認為：「《周易》的天人宇宙觀，作為中國史官天人文化傳統的一個重要內容，應該說是符合歷史實際的看法。」〔註33〕，玄妙且複雜的《易經》常被引至史書來解釋史實；所以在《梁書》及《陳書》史論與列傳序中，姚氏父子均有引用《易經》說法和例證來做歷史的解釋和說明，內容整理如下表：

表3-3：《梁書》、《陳書》引《易經》來解釋和說明史實表

《梁　　　書》	出　　處
易曰：「有天地然後有萬物，有萬物然後有男女，有男女然後有夫婦。」夫婦之義尚矣哉！	卷7〈皇后列傳序〉，頁155。
陳吏部尚書姚察曰：孔子稱「殷有三仁，微子去之，箕子為之奴，比干諫而死。」王亮之居亂世，勢位見矣。其於取捨，何與三仁之異歟？及奉興王，蒙寬政，為佐命，固將愧於心。其自取廢敗，非不幸也。易曰：「非所據而據之，身必危。」亮之進退，失所據矣。惜哉！張稷因機制變，亦其時也。王瑩印章六毀，豈神之害盈乎？	卷16〈列傳第十〉，頁274。
易曰：「君子遯世無悶，獨立不懼。」孔子稱長沮、桀溺隱者也。古之隱者，或恥聞禪代，高讓帝王，以萬乘為垢辱，之死亡而無悔。	卷51〈處士列傳序〉，頁731。
易曰：「亢之為言也，知進而不知退，知存而不知亡。知進退存亡而不失其正者，其唯聖人乎！」傳曰：「知足不辱，知止不殆。」然則不知夫進退，不達乎止足，殆辱之累，期月而至矣。	卷52〈止足列傳序〉，頁757。
《陳　　　書》	出　　處
史臣曰：詩表關雎之德，易著乾坤之基，然夫婦之際，人道之大倫也。若夫作儷天則，燮贊王化，則宣太后有其懿焉。	卷1〈列傳第一〉，頁133。
易曰：「觀乎人文以化成天下」，孔子曰「煥乎其有文章」也。	卷34〈文學列傳序〉，頁453。

　　將《易經》運用在史學解釋，跟姚察先祖姚信曾注《周易》或有關係〔註34〕。雖是如此，姚氏家學仍以史學、醫學與經學為主，其中史學最是代表，

〔註33〕陳桐生，《中國史官文化與史記》（台北：文津，1993.11），頁17。
〔註34〕《隋書》卷32〈經籍一〉（北京：中華書局，1973），頁909。中提到：「周易十卷吳太常姚信注。」

姚氏父子在天人解釋這方面，除了來自於先祖研究《易經》的淵源外，更是
對《漢書》中討論天人關係的延續，都使《梁書》、《陳書》顯示出許多以「天」
與「人」的關係來解釋史事以及呈現史家的史觀。〔註35〕

　　接著，就來分析上述天人關係表格中，姚氏父子對「天」與「人」的看
法，首先，不同學者對《梁書》、《陳書》中「天」、「人」的呈現方式，有以
下研究：1、趙俊認爲：「注重人事的進步史觀。」。〔註36〕；2、臧世俊提及：
「重視人在歷史上的功用。」。〔註37〕；3、陶懋炳論及：「姚氏父子承襲前代
陰陽五行、圖讖災異的陳腐思想，《梁書》、《陳書》中帝王誕生時的奇異傳說、
圖讖祥瑞、陰陽災異乃至相面望氣、因果報應、鬼怪奇聞，幾乎是充牘累簡。」。
〔註38〕；4、吳志潔提到：「以五德終始說附會陳的興亡。」。〔註39〕；5、熊
清元言及：「強調的是人事，人的作用，突出的是帝王將相的智慧才能，認爲
人是歷史上起決定作用的因素。」。〔註40〕

　　以上是學者對《梁書》、《陳書》中「天人史觀」的研究，但是單以「天命」
或是「人事」來認識姚氏父子對歷史的分析和解釋，內容不是太過武斷即失之
簡約，因爲姚氏父子用「天」與「人」來解釋史事其實是豐富的，可歸納出以
下幾點：（一）、天人並舉：何謂天人並舉呢？即「天」和「人」兩者是和協，
沒有衝突的，這部份在前述表3－2《梁書》、《陳書》天人關係表中以第1、2、
4、5、7、9、10、11、15等項爲主；（二）、自然天意大於人事的決定論：這是
相對於「天」、「人」合諧，反映出兩者間的矛盾，最後決定於未知的上天，這

〔註35〕許殿才，〈《漢書》中的天人關係〉，收入於陳其泰、張愛芳主編，《《漢書》研
　　　　究》，（北京：中國大百科全書，2009.01），頁348。中提到《漢書》的天人關
　　　　係：「……宣揚天人感應的神學目的論是它的思想特色，……從基本傾向上
　　　　看，它是人們進行社會活動的歷史紀實，而不是上蒼決定人事的神意啓示
　　　　錄。……它承認天人之間互有影響，但認爲人在其中占有主導地位。……但
　　　　對它的思想採取簡單否定態度的做法則不可取。」此部份留待本章第三節《漢
　　　　書》家學的撰史有專節來討論姚氏父子受到《漢書》的影響與仿效。
〔註36〕趙俊，〈姚思廉的史學〉，《遼寧大學學報》，第4期（1988），頁104。
〔註37〕臧世俊，《梁書》略論〉，《歷史教學問題》，第4期（1992.04），頁53。
〔註38〕陶懋炳，〈梁書與陳書〉收入於倉修良主編，《中國史學名著評介第一卷》（台
　　　　北：里仁書局，1994.04.01），頁416。
〔註39〕吳志潔，〈從《陳書》看姚氏父子的史學旨趣〉，《淮北煤師院學報社會科學版》，
　　　　第1期（1998），頁8。
〔註40〕熊清元，〈姚氏父子與《梁書》〉，《黃岡師範學院學報》，卷21第2期（2001.04），
　　　　頁10。

部份在表格中以第 5、12 項為主;(三)、人事大於自然天意決定論:相對於「天」、「人」和諧,反映出兩者間的衝突,但是關鍵其實還是人事的因素,這部份在表格中以第 2 項為主;(四)、君主天命史觀:沒有人事的問題,一切都是運數,不管成功、失敗及帝王的興起等,早就決定於天意了,這部份在表格中以第 3、6、8、13、14 項為主。整理和比較後發現二書反映出的「天」、「人」史觀是多樣的,非只是上述諸家簡化的概括而已。如此也是歷來研究《梁書》、《陳書》時,所顯現的問題。常因受此偏頗的印象,使得少人研究二書之因,無法了解二書主要內涵,更是促成筆者想去研究和撰寫本文的動機之一。此外,從上述表格看出姚氏父子離不開時代氛圍,受時代發展的影響,再依狀況有不同的歷史解釋,如此形成姚氏父子不同「天」、「人」史觀的呈現。

總之,「天」和「人」的問題,先秦時期已有許多思想家在討論,自此以後,天人問題更是史學撰述中重要課題之一。加上「天」與「人」的關係,定義本來就難分,由於時代的限制,姚氏父子不可能徹底排除「天命論」的影響,〔註 41〕以及跳脫此種氛圍來解釋史事,若以同理心角度來了解姚氏父子,此可依章學誠(1738~1801)《文史通義》中〈文德〉篇中來理解,將其文列之如下:

> 凡為古文辭,必敬必恕。臨文必敬,非修德之謂也。論古必恕,非寬容之謂也。敬非修德之謂者,氣攝而不縱,縱必不能中節也。恕非寬容之謂者,能為古人設身而處地也。……是則不知古人之世,不可妄論古人文辭也。知其世矣,不知古人之身處,亦不可以遽論其文也。身之所處,固有榮辱隱顯、屈伸憂樂之不齊,而言之有所為而言者,雖有子不知夫子之所謂,況生千古以後乎?聖門之論恕也,「己所不欲,勿施於人」,其道大矣。今則第為文人,論古必先設身,以是為文德之恕而已爾。〔註42〕

運用同理心來替古人設想,姚氏父子的歷史觀,訴諸自然天意大於人事、以天命解釋君主的興起等,在現今看起來其實並不合時宜,但對姚氏父子來說,

---

〔註41〕《舊唐書》卷 72〈李百藥傳〉(北京:中華書局,1996),頁 2572~2576。中提到:「(貞觀)二年(628),百藥上封建論曰:『……臣以為自古皇王,君臨宇內,莫不受命上玄,飛名帝籙,締構遇興王之運,殷憂屬啟聖之期。……是知祚之長短,必在天時,政或盛衰,有關人事。』美哉斯言也‧太宗竟從其議。」

〔註42〕(清)章學誠著,葉瑛校注,《文史通義校注》卷 3〈文德〉(北京:中華書局,1985.05),頁 278~279。

這是當時史學修纂的的思想源頭，除了天命史觀外，還有對人事因素的重視，兩者豐富了「天」、「人」思想來解釋歷史事件；此外，各家對「天」和「人」的定義，其實有很多看法，如相對的概念〔註43〕、客觀力量和主觀行爲消長的情形〔註44〕、甚至還有生態學的看法等〔註45〕。將《梁書》、《陳書》的天人關係加以歸納，才能整理出姚氏父子解釋史事的角度，更能進一步釐清姚氏父子顯現出對「天」、「人」關係解釋歷史的看法與史學思想。

第三節 《漢書》家學的撰史

研究魏晉南北朝這段歷史，正如陳寅恪認爲：「魏晉南北朝之學術宗教皆與家室地域兩點不可分離。」〔註46〕；再者，當時學術文化的背景，錢穆則認爲有以下情形：「其相互間種種複雜錯綜之關係，實當就當時門第背景爲中心而貫串說之，始可獲得其實情與眞相。」〔註47〕。因此，研究魏晉南北朝史中，世族、家學是要去注意的。其中吳興武康姚氏一族更是魏晉南朝江東世家大族成員之一。〔註48〕然而，吳興姚氏具有較爲獨特的家族文化傳統，其家族之所以能夠在南北朝後期和隋唐之際興起，並在中古文化史上作出一定的貢獻，與其家族文化傳承有著密不可分的關係。其中傳家業者主要在經學、史學與醫術方面。〔註49〕

姚氏一族在經學、醫術、與史學上均有表現，一一檢視史料，細索姚氏家學的轉折。經學主要在姚察的先祖——姚信〔註50〕；姚信之後人，有姚郢，

〔註43〕 阮芝生，〈試論司馬遷所說的「究天人之際」〉，《史學評論》，第六期（1983.09），頁40。

〔註44〕 李長之，《司馬遷之人格與風格》（台北：台灣開明書店，1969.03），頁235。

〔註45〕 汪榮祖，〈究天人之際通古今之變——歷史生態學試論〉，《中國文化（風雲時代）》，卷5（1991.12），頁112。

〔註46〕 陳寅恪，《隋唐制度淵源略論稿》（台北：台灣商務，1994.07），頁19。

〔註47〕 錢穆，〈略論魏晉南北朝學術文化與當時門第之關係〉，收入於氏著《錢賓四先生全集——中國學術思想史論叢》（三）（台北：聯經，1994），頁326。

〔註48〕 方北辰，《魏晉南朝江東世家大族述論》（台北：文津，1999.09），頁14～15。

〔註49〕 王永平，〈中古吳興武康姚氏之家風與家學——從一個側面看文化因素在世族傳承中的作用〉，《揚州大學學報（人文社會科學版）》，卷七第2期（2003），頁68。

〔註50〕 《陳書》卷27〈姚察傳〉，頁348。中提到：「姚察字伯審，吳興武康人也。九世祖信，吳太常卿，有名江左。」；留下以經學爲主的著作有《隋書》卷32〈經籍一〉，頁909。中提到：「周易十卷吳太常姚信注。」

但學術作爲所知有限，僅知其曾擔任宋員外散騎常侍及五成侯〔註 51〕，學術所長並不詳；但之後到姚察祖父——姚菩提、父親——姚僧垣（498～583）則是變成以醫學爲其家業〔註 52〕。不過本節主要探討自姚察一代開啓研究《漢書》爲其家學傳業，並藉由修纂史書對《漢書》家業加以延續。姚察早年的文史素養也是因爲姚僧垣「少好文史」所致〔註 53〕，加上對於諸子文史的培養更是重視〔註 54〕。梁朝末年，姚僧垣北歸長安，其子姚最亦同往〔註 55〕，但姚察卻留滯南方，姚氏家學因政局動盪再次出現轉變，北方以姚最醫學爲其家傳〔註 56〕，南方則以姚察史學與漢書學爲其家學。

史學的研究除了歷史家個人因素之外。與時代也有著密切的關係，研究《漢書》的風氣，從魏晉南北朝至唐代顏師古集《漢書》注之大成，在這段時期中是很盛行的，根據《隋書》中言及：

> 自是世有著述，皆擬班、馬，以爲正史，作者尤廣。一代之史，至數十家。唯史記、漢書，師法相傳，並有解釋。三國志及范曄後漢，雖有音注，既近世之作，並讀之可知。梁時，明漢書有劉顯、韋稜、陳時有姚察，隋代有包愷、蕭該，並爲名家。〔註 57〕

在《史通》中也提到：

> 自漢末迄乎陳世，爲其（《漢書》）注解者，凡二十五家。至於專門受業，遂與五經相亞。〔註 58〕

〔註 51〕《周書》卷 47〈藝術傳〉（北京：中華書局，1983.10），頁 839。中提到：「姚僧垣字法衛……曾祖郢，宋員外散騎常侍、五成侯。」。

〔註 52〕《周書》卷 47〈藝術傳〉，頁 839～840。中提到：「姚僧垣字法衛，吳興武康人，吳太常信之八世孫也。……父菩提，梁高平令。嘗嬰疾歷年，乃留心醫藥。……（僧垣）年二十四，即傳家業。」。

〔註 53〕《周書》卷 47〈藝術傳〉，頁 840。中提到：「僧垣少好文史，不留意於章句。時商略今古，則爲學者所稱。」。

〔註 54〕《陳書》卷 27〈姚察傳〉，頁 348。中提到：「父上開府僧〔坦〕〔垣〕，知名梁武代，二宮禮遇優厚，每得供賜，皆回給察兄弟，爲遊學之資，察竝用聚蓄圖書，由是聞見日博。」。

〔註 55〕《周書》卷 47〈藝術傳〉，頁 844。中提到：「次子最，字士會，幼而聰敏，及長，博通經史，尤好著述。年十九，隨僧垣入關。」。

〔註 56〕《周書》卷 47〈藝術傳〉，頁 844。中提到：「最幼在江左，迄于入關，未習醫術。天和中（566～571）……最於是始受家業。十許年中，略盡其妙。每有人造請，效驗甚多。」。

〔註 57〕《隋書》卷 33〈經籍志二〉，頁 956。

〔註 58〕（唐）劉知幾著、（清）浦起龍釋，《史通通釋》卷 12〈古今正史〉，頁 339。

二十五注家之中即有姚察。上述兩說法，看出《漢書》是魏晉南北朝到隋唐時代傳習最廣的著作之一，並形成一股研究《漢書》的學術力量——即《漢書》學。〔註 59〕姚氏《漢書》家學受時代重視研究《漢書》所影響，然而，姚察卻因此開啓家傳之業〔註 60〕，即姚察、姚思廉《漢書》家學的撰史，日後姚察、姚思廉在撰寫《梁書》、《陳書》時，將所習《漢書》的心得，注入於修纂此二書的內容。〔註 61〕下述將姚氏一族自姚察以降在《漢書》的發揚與史學修養，整理如下表：

表 3-4：姚察及其後世發揚《漢書》家學與史學修養整理表

人物	事　　蹟	出　　處
姚察	姚察《漢書訓纂》30 卷。	《陳書》卷 27〈姚察傳〉，頁 354。
姚察	姚察《定漢書疑》2 卷。	《隋書》卷 33〈經籍志〉，頁 954。〔註 62〕

〔註 59〕 可參考以下諸位學者在魏晉南北朝至隋唐時《漢書》學的整理和研究：鄭鶴聲，〈緒言〉，收入於氏著《史漢研究》（上海：商務印書館，1930），頁 1～17。；張儵生，〈漢書著述目錄攷〉，收入於陳新雄、于大成主編，《漢書論文集》（台北：木鐸，1976.05），頁 75～141。；陳其泰，〈《漢書》歷史地位再評價〉，《史學史研究》，第 10 期（1988），頁 25～36。；瞿林東，〈隋唐之際的《漢書》學〉，收入於氏著《唐代史學論稿》（北京：北京師範大學，1989.03），頁 119～123。；許殿才，〈《漢書》研究的回顧〉，《史學史研究》，第 2 期（1991），頁 67～74。；張榮芳，〈魏晉至唐時期的《漢書》學〉，收入於國立中興大學歷史系主編，《第三屆中西史學史研討會論文集》（台中：久洋，1991.02），頁 289～311。；李廣健，〈八 0 年代大陸學者《漢書》研究述略〉，《新史學》，卷 3 第 2 期（1992.06），頁 57～85。；李廣健，〈梁代《漢書》研究的興起及其背景〉，收入於黃清連主編，《結網三編》（台北：稻鄉，2007.07），頁 65～88。；曹剛華，〈《漢書》學簡論（代前言）〉，收入於吳平、曹剛華、查珊珊輯，《《漢書》研究文獻輯刊》第一冊，（北京：國家圖書館，2008.08），頁 1～15。；周保明，〈1911 年以來《漢書》研究論著目錄〉，收入於吳平、曹剛華、查珊珊輯，《《漢書》研究文獻輯刊》第十冊，頁 599～626。；陳其泰、張愛芳〈主要論著索引〉，收入於陳其泰、張愛芳主編，《《漢書》研究》（北京：中國大百科全書，2009.01），頁 494～511。至於專書則有陳其泰、張愛芳主編，《《漢書》研究》一書，內有列舉《漢書》研究的論文與目錄。等作品。

〔註 60〕 （清）章學誠著，葉瑛校注，《文史通義校注》卷 3〈史注〉，頁 237。中提到：「至於史事，則古人以業世其家，學者就其家以傳業。」

〔註 61〕 李詳，〈正史源流急就篇〉，收入於楊家駱，《廿五史述要》（台北：黎明文化事業股份有限公司，1995.08），頁 348。

〔註 62〕 一說在（宋）高似孫，《史略》卷 2〈漢書考〉（台北：台灣商務印書館，1965.12），

人物	事　　蹟	出　　處
	姚察《漢書集解》1 卷。	《隋書》卷 33〈經籍志〉，頁 954。
	（姚察）報聘于周。江左耆舊先在關右者，咸相傾慕。沛國劉臻竊於公館訪漢書疑事十餘條，竝爲剖析，皆有經據。臻謂所親曰「名下定無虛士」。〔註63〕	《陳書》卷 27〈姚察傳〉，頁 348～349。
姚思廉	思廉少受漢史於其父，能盡傳業。	《舊唐書》卷 73〈姚思廉傳〉，頁 2592。
姚處平	早死。無留下相關史學事蹟	
	姚璹字令璋，散騎常侍思廉之孫也。……博涉經史，有才辯。	《舊唐書》卷 89〈姚璹傳〉，頁 2902。〔註64〕
姚璹	永徽（650～655）以後，左、右史得對仗承旨，仗下後謀議，皆不預聞。璹以爲帝王謨訓，不可暫無紀述，若不宣自宰相，史官無從得書。乃表請仗下所言軍國政要，宰相一人專知撰錄，號爲時政記，每月封送史館。宰相之撰時政記，自璹始也。	《舊唐書》卷 89〈姚璹傳〉，頁 2902。
	姚璹脩時政記四十卷。	《新唐書》卷 58〈藝文二〉，頁 1471。
姚珽	（姚）珽嘗以其曾祖察所撰漢書訓纂，多爲後之注漢書者隱沒名氏，將爲己說；珽乃撰漢書紹訓四十卷，以發明舊義，行於代。	《舊唐書》卷 89〈姚璹傳〉，頁 2907。

上述表格中，姚氏家族除了將《漢書》傳業外，並將之發揚。形成所謂姚氏一族的《漢書》家學，其中最主要展現在注書本身之外，就數姚察和姚思廉修纂《梁書》、《陳書》之中了，筆者梳理《梁書》、《陳書》相關研究和史料後，整理出以下幾個面向是梁、陳二書中受到《漢書》具體影響的地方：

頁 25。中提到：「《漢書定疑》。」。將不同說法臚列出來。

〔註63〕劉臻生平可參《隋書》卷 76〈劉臻傳〉，頁 1731～1732。中提到：「劉臻（527～598）字宣摯，沛國相人也。……精於兩漢書，時人稱爲漢聖。開皇十八年辛，年七十二。」；劉臻當時人已稱漢聖，但是還是向姚察請益《漢書》問題，可見姚察研究《漢書》功力之深，受時人所肯定。

〔註64〕不過此條史料雖有說姚璹博涉經史，但不見得就表示有《漢書》家學的成分，卻有著經學與史學素養。

1、體例

首先，在命名方面，《漢書》除了一改太史公《史記》之通史，專以斷代為限，在《梁書》、《陳書》的命名上，即因襲了《漢書》稱史著為「書」的名稱〔註65〕。《漢書》以書命名，並以斷代為限，因此《梁書》、《陳書》二書的命名，最早可以溯及《漢書》以「書」為名的傳統。

次者，《梁書》、《陳書》卷末史論上，姚氏父子還有仿效《漢書》史論的地方，即標明「陳吏部尚書姚察曰」云云〔註66〕，因為在《漢書》論贊也有以官銜來稱「司徒掾班彪」〔註67〕，可見兩者在史論體例上似有一定的承繼關係。〔註68〕但從《漢書》迄於《梁書》、《陳書》成書後，此期間尚有《三國志》、《後漢書》、《宋書》、《南齊書》、《魏書》五書，筆者一一檢索上述五書的史論後，將史論型式，列出如下表：

表3－5：《三國志》、《後漢書》、《宋書》、《南齊書》、《魏書》史論形式整理表

史　　書	史論形式
《三國志》	評曰。
《後漢書》	論曰、贊曰。
《宋書》	史臣曰、志無評。
《南齊書》	史臣曰、贊曰、志有贊無史臣曰。
《魏書》	史臣曰、志無評。

因此姚思廉仿班固《漢書》史論方式以彰顯父名，不然何不全以「史臣」做為《梁書》、《陳書》史論表現方式呢？這又是受《漢書》家學家風中的影

〔註65〕 楊聯陞，〈二十四史名稱試解〉，收入於氏著《國史探微》（台北：聯經，1984），頁341～349。

〔註66〕 這部份在《梁書》卷8、9、10、11、12、13、14、15、16、17、18、19、25、27、30、33、34、35、37、38、40、42、48、50、51、53等卷與《陳書》卷2、3等卷都有出現。

〔註67〕 此有三處可參《漢書》卷73〈韋賢傳〉，頁3130；《漢書》卷84〈翟方進傳〉，頁3441；《漢書》卷98〈元后傳〉，頁4035。

〔註68〕 （清）顧炎武著、王雲五主編萬有文庫薈要，《日知錄》（八）卷26〈梁書〉（台北：台灣商務，出版年不詳），頁107。中提到：「【楊氏曰】……其直書者，援班彪之例。【錢氏曰】按思廉修梁陳書皆因其父察所譔，而續成之。梁書諸論，述其父說，必稱陳吏部尚書姚察曰，仿孟堅漢書稱司徒掾班彪之例。」

響與帶入修此二書體例上的例證。

　　史書列傳安排上，以王朝政治爲主要的正統考量，將犯之者列入國史並貶爲篡逆〔註69〕。西漢末年王莽（45B.C.～23A.D.）篡西漢，建立新朝，但是《漢書》卻在倒數第二卷才置王莽傳（卷末是班固自序），接著，我們來看《漢書》中對王莽的史論評議，史料如下：

> 贊曰：王莽……莽既不仁而有佞邪之材，又乘四父歷世之權，遭漢中微，國統三絕，而太后壽考爲之宗主，故得肆其姦慝，以成篡盜之禍。推是言之，亦天時，非人力之致矣。及其竊位南面，處非所據，顚覆之勢險於桀紂，而莽晏然自以黃、虞復出也。乃始恣睢，奮其威詐，滔天虐民，窮凶惡極，毒流諸夏，亂延蠻貉，猶未足逞其欲焉。是以四海之內，囂然喪其樂生之心，中外憤怨，遠近俱發，城池不守，支體分裂，遂令天下城邑爲虛，丘壠發掘，害徧生民，辜及朽骨，自書傳所載亂臣賊子無道之人，考其禍敗，未有如莽之甚者也。〔註70〕

《漢書》如此安排，實有特別之意，除刻意地說明王莽的「竊位」，並利用此來貶低反抗王室者，以示漢朝之正統性，並加以區隔。日後《三國志》、《後漢書》、《宋書》、《南齊書》與《魏書》等五書，除《宋書》將二凶置於倒數第二卷外（卷末是沈約自序），其餘四書都不使用此種編排，所以因作者有不同考量而中斷，但是這種情形卻在《梁書》、《陳書》裡分別於該書最末兩卷出現（《梁書》、《陳書》卷末無自序），仿效《漢書》的編排方式，將對國家有危害者立之最後，史論內容可參本章第一節儒家思想的影響中《梁書》、《陳書》卷末史論內容整理表。上述史論中，梁朝時蕭綜、蕭正德、侯景與陳代時熊曇朗、周迪、留異、陳寶應、始興王叔陵等人，分別是危及梁朝、陳代的人物，姚察、姚思廉父子都將之寫在該書最末卷，這種方式，也是《漢書》留下來的體例安排，而《梁書》、《陳書》加以仿效。

　　此外，在敵逆傳前，史書也會將諸夷傳寫入，這部份雷家驥先生認爲：

> 班固對《史記》原先的構制略事更改。……其中復以諸夏人物爲先，置外國於全書之末，於是正統觀念遂融入先京師而後諸夏、先諸夏而後夷狄的優先順序，相得益彰的得到發揮。此後國史對外國的構

〔註69〕雷家驥，《中古史學觀念史》（台北：臺灣學生書局，1990），頁540。
〔註70〕《漢書》卷99〈王莽傳下〉，頁4194。

置，遂以《漢書》為典範。〔註71〕

對四夷傳的編排方式源自於《漢書》，《梁書》中有諸夷傳，《陳書》卻無此，因作者為姚氏父子共同努力下的心血，兩者是一體，因此並不必重複再論述，並依造《漢書》的編排方式置於敵逆傳前，這又是《梁書》、《陳書》承繼《漢書》編撰傳統的例證。〔註72〕

　　總之，從以書命名、史論附以父名、賊逆和四夷列傳的安排順序，都可看出姚氏父子撰寫《梁書》、《陳書》時，仿效班固《漢書》體例上的證明。

2、筆法

　　《梁書》、《陳書》中，以文學和史學筆法記史的例證，來檢視姚氏父子《漢書》家學的另外一種表現方式。首先，班固留下的《兩都賦》、《答賓戲》及《幽通賦》等文學作品，使他成為東漢時期最為著名的辭賦家之一。《漢書》文詞更是典雅華麗。班固除了是有名的史學家，也有辭賦家身份，所著的《漢書》，文辭凝鍊，結構謹嚴，又善於敘事，持論平穩，在文學上有很大的成就。用文學妙筆來呈現歷史事件，除了解歷史事件外，更可欣賞華麗的文筆。因為他喜用駢偶入文，加上注重詞藻的華麗，所以在中國駢文發展史上具有崇高的地位，此也受六朝駢文家所宗，甚至因為善於敘述，記載翔實，人物描寫生動，對於後世傳記文學起了示範的作用。〔註73〕深深影響著六朝史學記錄的方式，在這種氛圍下，在《梁書》、《陳書》內的史論就受到由《漢書》所帶來賦文典雅的傳統。〔註74〕

　　再者，在史學筆法方面，根據清人趙翼《陔餘叢考》一書中提到：

> 史記漢高祖微時稱劉季即封沛稱沛公，王於漢稱漢王，即位乃稱帝……齊書則自蕭道成微時，以至為帝，皆稱太祖。梁書自蕭衍微

〔註71〕雷家驥，《中古史學觀念史》，頁533。

〔註72〕陳金城，〈南朝四史「四夷傳」纂修原因之探討——兼論南朝與域外接觸的新視野〉，《空大人文學報》，第19期（2010.12），頁219～220。

〔註73〕李威熊，《漢書導讀》（台北：文史哲，1977.04），頁63。

〔註74〕《梁書》卷27〈列傳第二十一〉，頁411。中提到：「陳史部尚書姚察曰：陸倕博涉文理，到洽匪躬貞勁，明山賓儒雅篤實，殷鈞靜素恬和，陸襄淳深孝性，雖任遇有異，皆列於名臣矣。」；《陳書》卷16〈列傳第十〉，頁233。中提到：「史臣曰：高祖開基創業，剋定禍亂，武猛固其立功，文翰亦乃展力。趙知禮、蔡景歷早識攀附，預締構之臣焉。劉師知博涉多通，而闇於機變，雖欲存乎節義，終陷極刑，斯不智矣。」這兩段史論都有駢文筆法的情形。更多可參第四章第二節文學史法的呈現中駢文史論表。

時，以至爲帝，亦稱高祖，殊無分別。……按齊梁書自微時至爲帝
皆稱太祖高祖，亦有所本，漢書高祖本紀亦是如此。〔註75〕

針對上述趙翼的看法，民初學人柳詒徵除肯定以外，並加以延伸，其中說法
爲：「此又可見當時史家屬辭時，亦必考求前例，特未嘗自言其例所出。趙氏
研究諸書，並推明其例之由來也。」〔註76〕除了《梁書》有此史書筆法外，
《陳書》是否有模仿《漢書》筆法的情形呢？答案是有的，在陳高祖陳霸先
未登基前，亦有稱「高祖」，此在《陳書》中提及：

高祖以梁天監二年（503）癸未歲生。少倜儻有大志，不治生產。既
長，讀兵書，多武藝，明達果斷，爲當時所推服。身長七尺五寸，
日角龍顏，垂手過膝。嘗遊義興，館於許氏，夜夢天開數丈，有四
人朱衣捧日而至，令高祖開口納焉，及覺，腹中猶熱，高祖心獨負
之。〔註77〕

不管是《梁書》或《陳書》，此種史書筆法，其實有類於《漢書》，均出現在
二書中，更看出兩書體例相承。

　　魏晉南北朝到隋唐時期研究與注解《漢書》者，當時其實可算是「顯學」，
〔註78〕因爲研究的學者很多，研究的內容與方式也很多元。由於姚察、姚思
廉也是當時研究《漢書》著名學者之一，所以只要有提到班彪父子、《漢書》
的記載與相關研究，都會將之收入於《梁書》、《陳書》中，整理表格如下

表3-6：《梁書》、《陳書》對班彪、班固生平與《漢書》的記載表

《梁　　　　　　書》	出　　處
（簡元帝）注漢書一百一十五卷。	卷5〈本紀第傳〉，頁136。
（韋稜）著漢書續訓三卷。	卷12〈韋稜傳〉，頁226。

〔註75〕（清）趙翼，《陔餘叢考》卷6〈宋齊梁陳魏周齊隋諸史及南北史書法各不同〉
　　　　（台北：華世，1975.10），頁62b～63b。
〔註76〕柳詒徵，《國史要義》，（上海：華東師範大學，2000.11），頁268。
〔註77〕《陳書》卷1〈高祖上〉，頁1～2。
〔註78〕周一良，〈魏晉南北朝史學著作的幾個問題〉，收入於氏著《魏晉南北朝史論
　　　　集》（北京：北京大學，2000.10），頁407。中提到：「兩漢以來，經書的研究
　　　　主要體現在章句注解。當時對於班固《漢書》的興趣，似乎大於《史記》，所
　　　　以注《漢書》的特多。」

《梁　　　書》	出　處
（蕭）琛在宣城，有北僧南度，惟齎一葫蘆，中有漢書序傳。僧曰：「三輔舊老相傳，以爲班固眞本。」琛固求得之，其書多有異今者，而紙墨亦古，文字多如龍舉之例，非隸非篆，琛甚祕之，及是行也，以書饟鄱陽王範，範乃獻于東宮。	卷26〈蕭琛傳〉，頁397。
（陸倕）嘗借人漢書，失五行志四卷，乃暗寫還之，略無遺脱。	卷27〈陸倕傳〉，頁401。
（王）僧孺與樂安任昉遇竟陵王西邸，以文學友會，及是將之縣，昉贈詩，其略曰：「……劉略班藝，虞志荀錄，伊昔有懷，交相欣勗。下帷無倦，升高有屬。嘉爾晨燈，惜余夜燭。」。	卷33〈王僧孺傳〉，頁469～470。
（蕭）子恪與弟子範等，嘗因事入謝，高祖在文德殿引見之，從容謂曰：「我欲與卿兄弟有言。夫天下之寶，本是公器，非可力得。苟無期運，雖有項籍之力，終亦敗亡。所以班彪王命論云：『所求不過一金，然終轉死溝壑』。卿不應不讀此書。	卷35〈蕭子恪傳〉，頁507～508。
（蕭子範）每讀漢書，杜緩兄弟「五人至大官，唯中弟欽官不至而最知名。」常吟諷之，以況己也。	卷35〈蕭子範傳〉，頁510。
時鄱陽嗣王範得班固所上漢書眞本，獻之東宮，皇太子令之遴與張纘、到溉、陸襄等參校異同。之遴具狀十事，其大略曰：「案古本漢書稱『永平十六年五月二十一日己酉，郎班固上』，而今本無上書年月日字。又案古本敍傳號爲中篇，今本稱爲敍傳。又今本敍傳載班彪事行，而古本云『稚生彪，自有傳』。又今本紀及表、志、列傳不相合爲次，而古本相合爲次，總成三十八卷。又今本外戚在西域後，古本外戚次帝紀下。又今本高五子、文三王、景十三王、武五子、宣元六王雜在諸傳秩中，古本諸王悉次外戚下，在陳項傳前。又今本韓彭英盧吳述云『信惟餓隸，布實黥徒，越亦狗盜，芮尹江湖，雲起龍驤，化爲侯王』，古本述云『淮陰毅毅，杖劍周章，邦之傑子，實惟彭、英，化爲侯王，雲起龍驤』。又古本第三十七卷，解音釋義，以助雅詁，而今本無此卷。」。	卷40〈劉之遴傳〉，頁573。
（江）子一續黃圖及班固「九品」，並辭賦文筆數十篇，行於世。	卷43〈江子一傳〉，頁609。
昔司馬遷、班固書，並爲司馬相如傳，相如不預漢廷大事，蓋取其文章尤著也。固又爲賈鄒枚路傳，亦取其能文傳焉。	卷49〈文學列傳序〉，頁685。
（袁峻）除員外散騎侍郎，直文德學士者，抄史記、漢書各爲二十卷。	卷49〈袁峻傳〉，頁688～689。
（鐘）嶸嘗品古今五言詩，論其優劣，名爲詩評。其序曰：「……東京二百載中，唯有班固詠史，質木無文致。」	卷49〈鐘嶸傳〉，頁694～695。

《梁　　　　　書》	出　處
（臧）嚴於學多所諳記，尤精漢書，諷誦略皆上口。	卷50〈臧嚴傳〉，頁719。
（陸）雲公五歲誦論語、毛詩，九歲讀漢書，略能記憶。從祖倕、沛國劉顯質問十事，雲公對無所失，顯歎異之。	卷50〈陸雲公傳〉，頁724。
《陳　　　　　書》	出　處
（韋）載少聰惠，篤志好學。年十二，隨叔父稜見沛國劉顯，顯問漢書十事，載隨問應答，曾無疑滯。	卷18〈韋載傳〉，頁249。
（陳寶應）又嘗令左右誦漢書，臥而聽之，至蒯通說韓信曰「相君之背，貴不可言」，寶應蹶然起曰「可謂智士」。寄正色曰：「覆酈驕韓，未足稱智；豈若班彪王命，識所歸乎？」。	卷19〈虞寄傳〉，頁259。
沛國劉臻竊於（姚察）公館訪漢書疑事十餘條，並為剖析，皆有經據。	卷27〈姚察傳〉，頁349。
（姚察）著漢書訓纂三十卷。	卷27〈姚察傳〉，頁354。
（陸）從典篤好學業，博涉群書，於班史尤所屬意。	卷30〈陸瓊傳〉，頁398。
（沈）洙議曰：「夜中測立，緩急易欺，兼用畫漏，於事為允。但漏刻賒促，今古不同，漢書律曆，何承天、祖沖之、晅之父子漏經，並自關鼓至下鼓，自晡鼓至關鼓，皆十三刻，冬夏四時不異。若其日有長短，分在中時前後。	卷33〈沈洙傳〉，頁439。
何之元……號曰梁典。甚序曰：……若夫馬史、班漢，述帝稱紀，自茲厥後，因相祖習。	卷34〈何之元傳〉，頁466～467。

　　上表看出姚察、姚思廉父子在《梁書》、《陳書》中，對《漢書》相關的記載，不管是《漢書》的補注、版本、成書年代、內容、考證、引用和著作等，姚氏父子在二書中記載《漢書》的情形，其實是很廣的；由於《漢書》是姚氏一家所傳之業，上述收入方式除了顯示出姚氏父子對《漢書》研究的了解外，藉此更是發揚姚氏《漢書》家學、家業的方法之一，對於日後欲研究《漢書》者，甚有助益。

　　總之，在《梁書》、《陳書》中，從體例、《漢書》考證記載入史及書法等，在內容和撰述方面，都可看出二書對《漢書》的仿效，形成姚氏一家特有的《漢書》家學。再次，《漢書》為三史之一，而三史一詞為三國、晉及南北朝

人所常用之名詞，〔註79〕甚至成爲日後科舉考試的範本〔註80〕，因此姚氏父子研讀三史之一的《漢書》，除是當時受到推崇的「顯學」影響外，更將之作爲修史的範本，展現在修纂《梁書》、《陳書》中，所以在二書中有著《漢書》留下來的影響。最後，姚氏一族本有醫學的傳統，但是隨著梁朝末年侯景之亂以後，家族成員分處南北，北方以醫學爲主，南方則以史學爲代表。其中姚察、姚思廉父子，是梁朝、陳代《漢書》學當代研究者之一，不僅將之傳業於後代，如姚珽〔註81〕，最特別的是表現在修撰《梁書》、《陳書》方面，藉由《梁書》、《陳書》的完成更是姚氏一族將《漢書》家學加以發揚，形成不同於諸家研究《漢書》的姚氏《漢書》家學。

〔註79〕 李宗侗，《中國史學史》（台北：華岡，1975），頁 186。
〔註80〕 （宋）王應麟，《玉海》（二）卷 49〈紹興十七史蒙求〉（上海：上海古籍，1992），頁 944～340。中提到：「兩朝志國初承唐舊，以史記兩漢書爲三史，列於科舉。」。
〔註81〕 請參考表 3～4：姚察及其後世發揚《漢書》家學與史學修養整理表。

第四章 《梁書》、《陳書》史學的地位與影響

　　魏晉南北朝是個政權不斷遞嬗的時代，已故學者錢穆先生認為此時期：「中央統一為變態，而以分崩割據為常態。」〔註1〕。政治上有著如此紛紛擾擾的局面，但在史學發展上卻出現豐富與顯著的成就，因為魏晉南北朝的史學和當時政治本身就有一定的相關性，如.政治格局對皇朝史撰述的影響、門閥政治對歷史撰述的深刻影響與史學在政治活動中的作用等。〔註2〕研究這段時期的變化，其中最有相關的史料，應以正史占重要的地位，〔註3〕所以《梁書》、《陳書》對研究魏晉南北朝時的梁朝、陳朝甚至是北朝周、齊歷史都有高度相關性，更是了解當代興衰經驗以及作為日後借鑒的重要著作之一。

　　在上述二章中，已對《梁書》、《陳書》修史的背景、作者、過程與二書思想和方法做過討論。本章節即著墨於姚氏父子《梁書》、《陳書》二史修成後內容的呈現，耙梳二書中，歸納出正史觀念的定型、文學史法的呈現、承繼變遷的特性等三個方面，藉以探討此二書的史學地位與影響。

第一節　正史觀念的定型

　　中國史籍浩如煙海，號稱正史者，自古迄今在史學研究的學海裡自有其

〔註1〕錢穆，《國史大綱》上冊（台北：台灣商務印書館，1996.11），頁212。
〔註2〕李傳印，《魏晉南北朝時期史學與政治的關係》（武漢：華中科技大學，2004.08）。
〔註3〕齊文心等編，《國史史料學》（上）（台北：嵩高，1985），頁170。中提到：「正史在歷史資料中占最重要的地位。」。

重要性；至於史學研究領域裡，閱讀上宜以「正史」為先，依據前輩學者的觀點，舉列如下：

　　1、張之洞：二十四部為正史。凡引據古人事實，先以正史為憑，在
　　　　　　　　及別史、雜史。〔註4〕

　　2、金毓黻：往者萬季野先生教人先讀實錄，現在我也知道治史應先
　　　　　　　　從讀《二十四史》作起。〔註5〕

二十五部史書，其中完成於唐一代者，計有《梁書》、《陳書》、《北齊書》、《周書》、《隋書》、《晉書》、《南史》、《北史》八部，約佔中國所有正史的三分之一，確足以反映出唐代在史學史發展上有重大貢獻。〔註6〕使中國史學史的發展，在史學觀念與鑑戒方面，更加系統地確立起來，唐朝修五代史時開啓並奠下「正史之統」，本文的「正史之統」非學者趙令揚先生所指受政治影響的史學。〔註7〕在本文中是指正史撰寫的「開創和奠定」。「正史」因此取得長足發展，推動著日後「正史」的編修意識。

　　總之，正史在中國史學中有如此重要的地位，然而「正史」一詞起源於何時呢？依據史料有以下幾處：

　　1、正光（520～524）中，除驍騎將軍、兼著作佐郎，正史中字。四
　　　　年卒，贈右將軍、巴州刺史，其書竟未能成。〔註8〕

　　2、正史刪繁十四帙一百三十五卷序錄一卷。……右七種二十一帙一
　　　　百八十一卷阮孝緒撰不足編諸前錄而載於此。〔註9〕

〔註4〕（清）張之洞著，王樹柟編，《張文襄公（之洞）全集公牘（勸學篇·輶軒語）》
　　　　卷204〈宜讀正史〉（台北：文海，1970），頁14664。
〔註5〕金毓黻，《靜晤室日記第十冊》卷158〈六月三十日〉（遼寧：遼瀋書社，
　　　　1993.10），頁7190。
〔註6〕邱添生，〈唐初纂修前代正史析論〉收入於國立中興大學歷史系主編，《第三
　　　　屆中西史學史研討會論文集》（台中：久洋，1991.02），頁362。
〔註7〕「正史之統」，非指「正統史觀」。依據趙令揚，《關於歷代正統問題之爭論》
　　　　（台北：學津，1976.05），頁72。一書中對「正統」中提到：「正統之論在中
　　　　國史學史中佔一極重要的地位，至於正統論之爭論，從司馬遷對正統之觀念
　　　　到清人對正統問題之解釋，可看出正統問題是和政治分不開的。陳壽正魏之
　　　　舉與習鑿齒之非議陳壽，更可說明是完全受當時政治發展所影響。」。
〔註8〕《魏書》卷79〈術藝傳〉（北京：中華書局，1974），頁1965。
〔註9〕（唐）釋道宣輯，《廣弘明集》卷3梁阮孝緒〈七錄序〉（上海：上海商務，
　　　　1965），頁40～41。此外，在《隋書》卷3〈經籍志二〉（北京：中華書局，
　　　　1973），頁961。：「正史削繁九十四卷阮孝緒撰。」；《舊唐書》卷46〈經籍

　　3、正史既見得失成敗，此經國之所急。五經之外，宜以正史爲先。
〔註10〕

「正史」一詞，最早可能出現於梁朝或北魏末年，南朝與北朝均有出現，上
述三段資料中，「正史」一詞的使用上，分別有以下定義：史官職、阮孝緒著
作以及史書三種看法，其中第三點更將正史的地位，附於五經之下，更是治
國之根本。不管如何，「正史」一詞的出現是比《隋書》中提到的看法，更早
出現〔註11〕；然而「正史」的意涵，源自於歷朝各代修國史記當時之事的行
爲，〔註12〕也可從研究目錄學的著作中得出國史轉變爲正史的情形。〔註13〕
隨著隋唐對魏晉南北朝時代文化的融合和吸收，對日後唐代撰修的《隋書》，

<hr>

志上〉（北京：中華書局，1996），頁 1994。：「正史削繁十四卷阮孝緒撰。」
　　　以上將不同說法將之列出。
〔註10〕（梁）梁元帝著、王雲五主編四庫全書珍本別輯，《金樓子》（一）卷 2〈戒子
　　　篇〉（台北：台灣商務，出版年不詳），頁 14。
〔註11〕《隋書》卷 33〈經籍志二〉，頁 957。中提到：「自是世有著述，皆擬班、馬，
　　　以爲正史，作者尤廣。」
〔註12〕這部份有以下說法：《隋書》卷 33〈經籍志二〉，頁 956。中提到：「古者天子
　　　諸侯，必有國史，以紀言行，後世多務，其道彌繁。」；（唐）劉知幾著、（清）
　　　浦起龍釋《史通通釋》卷 3〈書志〉（台北：里仁書局，1983），頁 59。中提
　　　到：「竊以國史所書，宜述當時之事。」除此說法外，還有二說，如.（宋）
　　　王應麟，《玉海》（二）卷 46〈正史〉（上海：上海古籍，1992），頁 944～246。
　　　中提到：「歷代國史其流出於春秋，劉歆七略、王儉撰七志、史記以下皆附春
　　　秋、荀勗分四部、史記舊事入丙部、阮孝緒七錄記傳錄記史傳、由是經與史
　　　分。編年紀傳各有所長……紀傳所載一人善惡之迹爲詳……而人皆以紀傳便
　　　於披閱，號爲正史。」；雷家驥，〈唐初官修史的基本觀念與意識〉，《國立
　　　師範大學歷史學報》，第 15 期（1987.06），頁 5（31）。一文中認爲：「國家全
　　　史逐漸發展成爲『正史』，實與正統論史學有關。」
〔註13〕鄭鶴聲，《中國史部目錄學》（台北：華世，1985.10），頁 57。一文中提到：「隋
　　　志因緣七錄，勒爲四部，其分部題目，多依阮錄。以史目言之，隋志史部分
　　　正史、古史、雜史、霸史、起居注、舊事、職官、儀注、刑法、雜傳、地理、
　　　譜系、簿錄十三目。正史古史，所以紀紀傳編年，阮錄則以國史統之。」；許
　　　世瑛編著，《中國目錄學史》（台北：中國文化大學，1982.10），頁 55。一文
　　　中提到：「（隋志）至於類名亦有改動，如易國史爲正史。」；昌彼得、潘美月
　　　合著，《中國目錄學》（台北：文史哲，1986.09），頁 138。一文中提到：「隋
　　　志將其國史類各依體裁，衍分爲正史。」；但是還有不同目錄分類的說法，如.
　　　逯耀東，〈《隋書·經籍志·史部》及其〈雜傳類〉的分析〉，收入於氏著《魏
　　　晉史學的思想與社會基礎》（台北：東大發行，2000），頁 74。一文中提到：「將
　　　紀傳體列爲正史，可能與前述史學脫離經學而獨立的發展過程，有某種程度
　　　的關聯性。」

將「正史」列在史部分類第一位，且有著時代的意義，並影響深遠。〔註 14〕不過，從上述「正史的意識」到「正史分類的確立」這段時間的醞釀和成熟，顯然要提到唐代初年重要的史學家——令狐德棻（583～666）。因爲「正史」一詞的提出與定義，在《隋書》〈經籍志〉完成之前，即唐高祖武德四年（621）修史詔書，就有明確指出「正史」一詞是指「修前代梁、陳、齊、周、隋史」的含意，〔註15〕詔書如下：

> 德棻嘗從容言於高祖曰：竊見近代已來，多無正史，梁、陳及齊，猶有文籍。至周、隋遭大業離亂，多有遺闕。當今耳目猶接，尚有可憑，如更十數年後，恐事跡湮沒。陛下既受禪於隋，復承周氏歷數，國家二祖功業，並在周時。如文史不存，何以貽鑑今古？如臣愚見，並請修之。〔註16〕

當時令狐德棻提出的「正史」受到了後代學者們忽略，因爲都以《隋書》〈經籍志〉爲主，其實他對「正史」的修撰提供了目標。範圍上就是爲前朝修正史的觀念，唐高祖接受令狐德棻的建議後，立即下詔修史，即《梁書》、《陳書》、《北齊書》、《北周書》與《隋書》五部史書，《梁書》、《陳書》就是在這種情形下加以整理和修纂的。

　　五代正史的編修、體例訂定與完成，令狐德棻實出力甚多，扮演著唐朝

〔註14〕 逯耀東，〈《隋書·經籍志·史部》及其〈雜傳類〉的分析〉，收入於氏著《魏晉史學的思想與社會基礎》，頁 71。一文中認爲：「《隋書·經籍志》的史部，不僅剖析了魏晉史學發展的流變，並且總結了魏晉史學的成果。」；吳懷祺，〈《隋書·經籍志》的史學觀〉，《史學史研究》，第 1 期（1995），頁 35。一文中認爲：「《隋志》對唐以前的史部書籍作了一次全面的總結，這中間包含《隋志》作者對史學的看法，反映作者對於隋唐以前中國古代史書和史學發展的認識。」；雷家驥，《中古史學觀念史》（台北：臺灣學生書局，1990.12），頁 431。一文中認爲：「阮孝緒（479～536）在梁世完成《七錄》，遂拔史部爲〈紀傳錄〉，離經獨立，正式確定了史部在中國學術分類上的地位，爲唐修《五代史志·經籍志》所本。」。

〔註15〕 雷家驥，〈唐初官修史著的基本觀念與意識〉，《國立師範大學歷史學報》第 15 期，頁 3（29）。一文中認爲：「『正史』及爲前朝修『正史』的觀念。」，此外頁 5（31）。一文中認爲：「至於德棻所謂「正史」，尋其文意，基本上指正式的國家全史而言也。」，上述是雷家驥該文中對詔書中「正史」的兩種說法。

〔註16〕 《舊唐書》卷 73〈令狐德棻傳〉，頁 2597；或參（宋）王溥，《唐會要》卷 63〈修前代史〉（北京：中華書局，1985），頁 1090。；或參（宋）宋敏求編、楊家駱主編，《唐大詔令集》卷 81〈經史命蕭瑀等修六代史詔〉（台北：鼎文書局，1972），頁 466～467。

初年修史重要角色，改變自魏晉以來紀傳、編年二體並行的局面。〔註17〕上述詔書最後以「歷數年，竟不能就而罷」作收，直到唐太宗貞觀三年（629）才重新下詔修前代史，繼唐高祖時未能完成修史而來，並於貞觀十年完成五代史。日後，官修「正史」採用紀傳體體例，造成編年史體地位衰落，使得紀傳體正史正式定型，編年史體例成爲配角，都於唐朝所奠定。〔註18〕唐代開啓以紀傳體爲日後修正史者主要遵行體例，影響日後的修史，其中當時一個重要代表例證，即李大師、李延壽父子所修的《南史》和《北史》，將原先編年方式改成紀傳體例，〔註19〕唐代對修前五代正史的編撰，從唐高祖武德、唐太宗貞觀這兩次修史詔書所確立與完成，看出令狐德棻在修五代史的角色

〔註17〕（唐）劉知幾著、（清）浦起龍釋，《史通通釋》卷2〈二體〉，頁29。：「然則班、荀二體，角力爭先，欲廢其一，固亦難矣。後來作者，不出二途。」。

〔註18〕柳詒徵，《國史要義》（上海：華東師範大學，2000.11），頁74。一文中認爲：「自《隋志》以降，編年之體皆別爲類，不入正史。紀傳體之爲正史，允以備一義矣。」；正史成爲日後史部分類第一位，除《明史》卷97〈藝文志二〉（北京：中華書局，1974），頁2377。中提到：「史類十：一曰正史類，編年在內。」將紀傳、編年二體並稱正史之外，其餘史書都將正史列第一位。

〔註19〕李大師早年修《南史》、《北史》是以編年爲其體例，依《北史》卷100〈序傳〉（北京：中華書局，1974），頁3343。中提到：「（李）大師少有著述之志，常以宋、齊、梁、陳、魏、齊、周、隋南北分隔，南書謂北爲『索虜』，北書指南爲『島夷』。又各以其本國周悉，書別國並不能備，亦往往失實。常欲改正，將擬吳越春秋，編年以備南北。……貞觀二年（628）五月，終於鄭州榮陽縣野舍，時年五十九。既所撰未畢，以爲沒齒之恨焉。」不過李大師在貞觀二年（628）五月過世，此時的唐朝並未重新下詔書開始修前代史，在體例上仍是無所憑依。不過《南史》、《北史》完成後卻在體例上卻出現了改變。根據《北史》卷100〈序傳〉，頁3344～3345。中提到：「至於魏、齊、周、隋、宋、齊、梁、陳正史，並手自寫，本紀依司馬遷體，以次連綴之。又從此八代正史外，更勘雜史於正史所無者一千餘卷，皆以編入。其煩冗者，即削去之。始末修撰，凡十六載。始宋，凡八代，爲北史、南史二書，合一百八十卷。其南史先寫訖，以呈監國史、國子祭酒令狐德棻，<u>始末蒙讀了</u>，<u>乖失者亦爲改正</u>，<u>許令聞奏</u>。次以北史諮知，亦爲詳正。因遍諮宰相，乃上表。表曰：……凡八代，合爲二書，一百八十卷，以擬司馬遷史記。就此八代，而梁、陳、齊、周、隋五書，是貞觀中敕撰，以十志未奏，本猶未出。然其書及志，始末是臣所修。臣既夙懷慕尚，又備得尋聞，私爲抄錄，一十六年，凡所獵略，千有餘卷。……既撰自私門，不敢寢默，又未經聞奏，亦不敢流傳。輕用陳聞，伏深戰越。謹言。」李大師其子李延壽將原先編年體例改爲紀傳體，反映出紀傳體例在唐朝貞觀年間確立；然者，當時私家修前代史是不允許的，都是要經由令狐德棻同意其體例才可刊行。

上，有其重要性。〔註20〕令狐德棻更是將「紀傳體」變成爲「正史」，定下修撰遵守體例的重要代表人物，再者，唐代下詔修史還有一個特性，即確立官修前代正史，這本書第二章官方認可修史中有論及。自此以後，使得紀傳體「正史」的撰修由私修走向官修，官方徹底的控制了對前朝史學的發言權與解釋權，造成日後歷朝各代「正史」的修纂，都被政府所掌控了。

　　總之，從史記到唐初完成八書、二史，看出「正史」在中國史學史上崇高的地位，一直受到人們的重視。至唐初所修的前代史，使「紀傳體正史」得到進一步的確立，甚至居於獨尊；唐代修史重視紀傳體史學體例，打破編年、紀傳二家自魏晉南北朝以來紛然並行的局面，日後《南史》、《北史》將編年體改爲紀傳體，至《清史》修纂時莫不以此爲準。「紀傳體正史」遂成爲史學類目中的第一位，超過編年史的地位，逐漸取得獨尊的地位，影響著「正史」的發展。再者，唐代設史館修史，促使「正史」逐漸朝向由官方來修撰。由上可知，「正史」的意識和觀念最初始於六世紀前期南北朝時代，〔註21〕直到唐代才具體的呈現與定型，形成有修前代史、紀傳體體例、官修三大特性，所以唐代下詔所修的正史，開啓了日後中國正史的源流，將之成爲制度化，在各類史書中，獲得特別崇高的地位，成爲日後史學著作分類中的第一位。凡此「正史」對於中國史學史研究領域裡，有很高的相關性與重要性，是毋庸置疑的，而姚思廉的《梁書》、《陳書》在這方面不僅僅扮演著作爲借鑑前代興衰體驗的紀錄，更是執行唐初重要修史功臣令狐德棻纂修「正史」體例代表著作之一。

第二節　文學史法的呈現

　　歷史文學在文學史上佔有一定的地位，我國古代史籍中如《左傳》、《史記》，其文筆典雅精妙，本身有很高的文學價值。此外，在西洋史學史中也是有如此文史勻稱的著作，如：

〔註20〕《舊唐書》卷73〈令狐德棻傳〉，頁2598。中提到：「武德已來創修撰之源，自德棻始也。」（清）趙翼，《陔餘叢考》卷7〈周書〉（台北：華世，1975.10），頁77。中提到：「（令狐）德棻在當時修史十八人中最爲先進，各史體例皆其所定，兼又總裁諸史。」。

〔註21〕雷家驥，〈唐初官修史著的基本觀念與意識〉，《國立師範大學歷史學報》，第15期，頁4（30）。一文中認爲：「『正史』此一觀念之普及，最晚不遲至六世紀中期。」。

希羅多得的《歷史》，行文流暢而有韻致，被譽爲用散文寫成的史詩。
希羅多得不愧爲「史學之父」這一桂冠。修昔底德則代表另一種撰
史風格，其特點是文筆冷峻，文字表述簡潔凝煉，遣詞造句無不精
益求精。〔註22〕

中西史學史的發展，史學和文學共同存在著互相聯繫與互相促進。研究一本
歷史著作的過程中，必須正確地認識和明白兩者之間的關係，因爲《梁書》、
《陳書》中就有這種情形；再者，南朝文學發展是很興盛的，根據劉師培認
爲「齊梁文學是很興盛的；陳之文學，雖不及梁代之盛，然風流顧未嘗絕歇
也。」〔註23〕，承續六朝文學發展，形成唐代文學思想的淵源。《梁書》、《陳
書》處在如此興盛的文學環境下，在修纂史書時多少都受到影響，正如唐代
史學評論家劉知幾（661～721）認爲：

昔夫子有云：「文勝質則史。」故知史之爲務，必藉於文。自五經已
降，三史而往，以文敘事，可得而言焉。〔註24〕

不管史學的內容是如何，都是需要藉由文字的使用，才可以呈現史學的深意。
因此，《梁書》和《陳書》除了是歷史古籍之外，更可從文學的角度來研究二
書。因爲，《梁書》、《陳書》中均立「文學傳」，透過傳文，看出姚氏父子的
文學觀點與對文學的經世功用外，同時更讓人知道藉由文學的筆法呈現歷史
論述。本節就要從一個文史敘述的角度來探討《梁書》、《陳書》中歷史和文
學兩者互補的呈現。

首先，先看姚氏父子在《梁書》、《陳書》中對「文史」的記載，整理如
下表，再來歸納出姚察、姚思廉父子對文與史的看法：

表4－1：《梁書》、《陳書》對文史記載表

《梁　　　　書》	出　處
陳吏部尚書姚察曰：觀夫二漢求賢，率先經術；近世取人，多由文史。	卷 14〈列傳第八〉，頁258。
（夏侯）亶爲人美風儀，寬厚有器量，涉獵文史，辯給能專對。	卷 28〈夏侯亶傳〉，頁420。

〔註22〕張廣智，《西方史學史》（台北：五南，2002.10），頁92。
〔註23〕劉師培，《中國中古文學史講義》（北京：中國人民大學，2004.09），頁 89～
90。
〔註24〕（唐）劉知幾著、（清）浦起龍釋，《史通通釋》卷6〈敘事〉，頁180。

《梁　　　　書》	出　處
（南康簡王績）子會理嗣，字長才。少聰慧，好<u>文史</u>。	卷 29〈南康王績子會理傳〉，頁 428。
（蕭）子恪嘗謂所親曰：「<u>文史</u>之事，諸弟備之矣，不煩吾復牽率，但退食自公，無過足矣。」	卷 29〈蕭子恪傳〉，頁 509。
（朱异）既長，乃折節從師，遍治五經，尤明禮、易，涉獵<u>文史</u>，兼通雜藝，博弈書算，皆其所長。	卷 32〈朱异傳〉，頁 537。
（羊）侃少而瑰偉，身長七尺八寸，雅愛<u>文史</u>，博涉書記。	卷 39〈羊侃傳〉，頁 557。
與（劉）遵從兄陽羨令孝儀令曰：……<u>文史</u>該富，琬琰爲心，辭章博贍，玄黃成采。	卷 41〈劉遵傳〉，頁 593。
（臧盾）父未甄，博涉<u>文史</u>，有才幹，少爲外兄汝南周顒所知。	卷 42〈臧盾傳〉，頁 599。
齊隆昌（494）中，侍中謝朏爲吳興太守，唯與（周）興嗣談<u>文史</u>而已。	卷 49〈周興嗣傳〉，頁 697。
《陳　　　　書》	出　處
（趙）知禮涉獵<u>文史</u>，善隸書。	卷 16〈趙知禮傳〉，頁 223。
（劉）仲威少有志氣，頗涉<u>文史</u>。	卷 18〈劉仲威傳〉，頁 245。
（陸）山才少倜儻，好尚<u>文史</u>。	卷 18〈陸山才傳〉，頁 246。
（韋）載少聰惠，篤志好學。……及長，博涉<u>文史</u>，沉敏有器局。	卷 18〈韋載傳〉，頁 249。
（虞）荔幼聰敏，有志操。……居于西省，但以<u>文史</u>見知，當時號爲清白，尋領大著作。	卷 19〈虞荔傳〉，頁 256。
僕射徐陵嘗抗表讓位於（張）種曰：「臣種器懷沈密，<u>文史</u>優裕，東南貴秀，朝庭親賢，克壯其猷，宜居左執。」	卷 21〈張種傳〉，頁 281。
王固字子堅，左光祿大夫通之弟也，少清正，頗涉<u>文史</u>。	卷 21〈王固傳〉，頁 282。
吏部尚書徐陵薦（陸）瓊於高宗曰：「新安王文學陸瓊，見識優敏，<u>文史</u>足用。」	卷 30〈陸瓊傳〉，頁 397。
大同中（535～546），學者多涉獵<u>文史</u>，不爲章句。	卷 33〈沈洙傳〉，頁 436。

《陳　　　書》	出　處
（杜）之偉幼精敏，有逸才。七歲，受尚書，稍習詩、禮，略通其學。十五歲（522），遍觀文史及儀禮故事，時輩稱其早成。	卷 34〈杜之偉傳〉，頁 454。
（岑）之敬始以經業進，而博涉文史，雅有詞筆，不爲醇儒	卷 34〈岑之敬偉傳〉，頁 462。

　　上述表格中，從《梁書》、《陳書》中對「文史」一詞的使用，可以歸納以下幾種說法，有（一）、時代所需與喜好：如.取士標準。（二）、指愛好和留心文史者：如.上述夏侯亶（？～529）、南康簡王績（505～529）、蕭子恪（478～529）、羊侃（495～548）、臧未甄（生卒不詳）、趙知禮（519～565）、劉仲威（527～569）、陸山才（509～566）、王固（514～576）等人。（三）、以文學或史學見長者：如.上述朱异（483～549）〔註25〕、張種（504～573）〔註26〕、韋載（？～陳太建中卒）〔註27〕、岑之敬（519～579）〔註28〕等人。（四）、具有史學、文學家兩種身份：如.上述劉遵（？～535）〔註29〕、周興嗣（？～521）〔註30〕、虞荔（503～561）〔註31〕、陸瓊（537～586）〔註32〕、杜之偉（508～589）〔註33〕等人。以上《梁書》、《陳書》中對「文史」的介紹與分類，看出文學與史學間很難切斷的關係，除文史專擅外還有兼通經史者如.朱异。況且，《梁書》、《陳書》二書均置有〈文學列傳〉，該列傳中以文學見長者將之收入外，更有敘及史學著作與研究，如.《梁書》中袁峻（？～梁亡）的《漢書》學〔註34〕、劉昭（？～梁亡）注范曄書〔註35〕、吳均（469～520）

〔註25〕《梁書》卷38〈朱异傳〉（北京：中華書局，1973），頁540。：「所撰禮易講疏及儀注、文集百餘篇，亂中多亡逸。」。
〔註26〕《陳書》卷21〈張種傳〉（北京：中華書局，1992.07），頁281：「有集十四卷。」。
〔註27〕《陳書》卷18〈韋載傳〉，頁249。：「（韋）載少聰惠，篤志好學。年十二，隨叔父稜見沛國劉顯，顯問漢書十事，載隨問應答，曾無疑滯。」。
〔註28〕《陳書》卷34〈岑之敬傳〉，頁462：「有集十卷行於世。」。
〔註29〕《梁書》卷41〈劉遵傳〉，頁593。：「（劉）遵字孝陵。少清雅，有學行，工屬文，起家著作郎。」。
〔註30〕《梁書》卷49〈周興嗣傳〉，頁698。：「（天監）九年（510），……（周興嗣）佐撰國史。十二年，遷給事中，撰史如故。……所撰皇帝實錄、皇德記、起居注、職儀等百餘卷，文集十卷。」。
〔註31〕《陳書》卷19〈虞荔傳〉，頁256。：「尋領大著作。」。
〔註32〕《陳書》卷30〈陸瓊傳〉，頁397。：「領大著作，撰國史。」。
〔註33〕《陳書》卷34〈杜之偉傳〉，頁455。：「『臣以紹泰元年（555），忝中書侍郎，掌國史，于今四載。……』尋轉大匠卿，遷太中大夫，仍勒撰梁史。」。
〔註34〕《梁書》卷49〈袁峻傳〉，頁689。：「抄史記、漢書各爲二十卷。」。

撰《通史》〔註36〕、劉杳（487～536）撰國史〔註37〕、臧嚴（？～梁亡）的
《漢書》學〔註38〕、陸雲公（511～547）掌著作〔註39〕、任孝恭（？～548）
撰史〔註40〕；《陳書》中庾持（508～569）知國史〔註41〕、許亨（517～570）
領大著作〔註42〕、何之元（？～593）撰《梁典》〔註43〕、徐伯陽（516～581）
讀史書〔註44〕、張正見（？～陳太建中卒）撰史著士〔註45〕、阮卓（531～589）
撰史〔註46〕等記載，如此可看出姚氏父子在修史過程中，文學傳中將文學與
史學結合，用文字來做歷史記載，用史書來呈現文學，以「文史」記錄及文
學列傳記載的方式，顯示出「文」和「史」的範疇，藉姚氏父子修纂《梁書》、
《陳書》的過程來說明兩者間互補的情形。

　　至於《梁書》、《陳書》中運用許多文學筆法來呈現二書中歷史事件的記
載與收入，有以下

1、駢文史論

　　在前一章節中提到，《梁書》、《陳書》修纂的過程中，姚氏父子因《漢
書》家學的承繼，受到「《漢書》的文風，喜用古字，並尚藻飾，傾於俳偶，
入於艱深。」的影響。〔註47〕再加上六朝駢文之風，使姚氏父子在史論撰寫
上，不免帶有帶有駢文與典雅的風格，使人「讀之激卬，諷味不厭，乃爲得

〔註35〕《梁書》卷49〈劉昭傳〉，頁692。：「（劉）昭又集後漢同異以注范曄書，世
　　　　稱博悉。」。
〔註36〕《梁書》卷49〈吳均傳〉，頁699。：「撰通史。」。
〔註37〕《梁書》卷50〈劉杳傳〉，頁716。：「佐周捨撰國史。」。
〔註38〕《梁書》卷50〈臧嚴傳〉，頁719。：「（臧）嚴於學多所諳記，尤精漢書，諷
　　　　誦略皆上口。」。
〔註39〕《梁書》卷50〈陸雲公傳〉，頁724。：「以本官知著作郎事。俄除著作郎，
　　　　累遷中書黃門郎，並掌著作。」。
〔註40〕《梁書》卷50〈任孝恭傳〉，頁726。：「高祖聞其有才學，召入西省撰史。」。
〔註41〕《陳書》卷34〈庾持傳〉，頁458。：「光大元年（567），遷祕書監，知國史
　　　　事。」。
〔註42〕《陳書》卷34〈許亨傳〉，頁459。：「領大著作，知梁史事。」。
〔註43〕《陳書》卷34〈何之元傳〉，頁466。：「草創爲三十卷，號曰梁典。」。
〔註44〕《陳書》卷34〈徐伯陽傳〉，頁468。：「家有史書，所讀者近三千餘卷。」。
〔註45〕《陳書》卷34〈張正見傳〉，頁470。：「歷宜都王限外記室、撰史著士。」。
〔註46〕《陳書》卷34〈阮卓傳〉，頁471～472。：「天康元年（566），轉雲麾新安王
　　　　府記室參軍，仍隨府轉翊右記室，帶撰史著士。」。
〔註47〕李威熊，《漢書導讀》（台北：文史哲，1977.04），頁51。

體。」〔註48〕，接著將《梁書》、《陳書》中駢文史論例證列之如下：

表4-2：《梁書》、《陳書》駢文史論整理表

《梁　　　　　書》	出　處
陳吏部尚書姚察曰：張弘策敦厚慎密，呂僧珍恪勤匪懈，鄭紹叔忠誠亮藎，締構王業，三子皆有力焉。僧珍之肅恭禁省，紹叔之造膝詭辭，蓋識爲臣之節矣。	卷11〈列傳第五〉，頁214。
陳吏部尚書姚察曰：張惠紹、馮道根、康絢、昌義之，初起從上，其功則輕。及群盜焚門，而惠紹以力戰顯；合肥、邵陽之逼，而道根、義之功多；浮山之役起，而康絢典其事：互有厥勞，寵進宜矣。先是鎮星守天江而堰興，及退舍而堰決，非徒人事，有天道矣。	卷18〈列傳第十二〉，頁296。
史臣曰：王氏自姬姓已降，及乎秦漢，繼有英哲。洎東晉王茂弘經綸江左，時人方之管仲。其後蟬冕交映，台袞相襲，勒名帝籍，慶流子孫，斯爲盛族矣。王瞻等承藉茲基，國華是貴，子有才行，可得而稱。張充少不持操，晚乃折節，在於典選，實號廉平。柳惲以多藝稱，蔡撙以方雅著，江蒨以風格顯，俱爲梁室名士焉。	卷21〈列傳第十五〉，頁335。
陳吏部尚書姚察曰：陸倕博涉文理，到洽匪躬貞勁，明山賓儒雅篤實，殷鈞靜素恬和，陸襄淳深孝性，雖任遇有異，皆列於名臣矣。	卷27〈列傳第二十一〉，頁411。
史臣曰：裴邃之詞采早著，兼思略沉深，夏侯亶之好學辯給，夔之奢豪愛士，韋放之弘厚篤行，並遇主逢時，展其才用矣。及牧州典郡，破敵安邊，咸著功績，允文武之任，蓋梁室之名臣歟。	卷28〈列傳第二十二〉，頁424。
史臣曰：胡僧祐勇幹有聞，搴旗破敵者數矣；及捐軀殉節，殞身王事，雖古之忠烈，何以加焉。徐文盛始立功績，不能終其成名，爲不義也。杜崱識機變之理，知向背之宜；加以身屢典軍，頻殄寇逆，勳庸顯著，卒爲中興功臣，義哉。	卷46〈列傳第四十〉，頁646。
《陳　　　　　書》	出　處
史臣曰：高祖撥亂創基，光啓天曆，侯瑱、歐陽頠竝歸身有道，位貴鼎司，美矣。吳明徹居將帥之任，初有軍功，及呂梁敗績，爲失筭也。斯以勇非韓、白，識異孫、吳，遂使疆境喪師，金陵虛弱，禎明淪覆，蓋由其漸焉。	卷9〈列傳第三〉，頁165。

〔註48〕　（宋）洪邁，《容齋隨筆五集》（三）卷8〈四六名對〉（台北：台灣商務，1965），
　　　　頁68。

《陳　　　　　書》	出　　處
史臣曰：高祖開基創業，剗定禍亂，武猛固其立功，文翰亦乃展力。趙知禮、蔡景歷早識攀附，預締構之臣焉。劉師知博涉多通，而闇於機變，雖欲存乎節義，終陷極刑，斯不智矣。	卷 16〈列傳第十〉，頁 233。
史臣曰：昔鄧禹基於文學，杜預出自儒雅，卒致軍功，名著前代。晉氏喪亂，播遷江左，顧榮、郗鑒之輩，溫嶠、謝玄之倫，莫非巾褐書生，搢紳素譽，抗敵以衛社稷，立勳而升台鼎。自斯以降，代有其人。但梁室沸騰，懦夫立志，既身逢際會，見仗於時主，美矣！	卷 18〈列傳第十二〉，頁 251。
史臣曰：宗元饒夙夜匪懈，濟務益時。司馬申清恪在朝，攻苦立行，加之以忠節，美矣。毛喜深達事機，匡贊時主。蔡徵聰敏才贍，而擅權自躓，惜哉。	卷 29〈列傳第二十三〉，頁 393。

上述姚氏父子史論，不僅達到文章中「事出於沉思，義歸乎翰藻。」〔註49〕的情形，舉凡留下來精闢的史論，後世欲研究其史學思想者，莫不由此。

2、散文筆法

這方面，可採清人趙翼（1729～1814）的看法，認為姚氏父子行文上已有古文之風：

> 梁書雖全據國史，而行文則出自鑪錘，直欲遠追班、馬。蓋六朝爭尚駢儷，及序事之文，亦多四字為句，罕有用散文單行者，梁書則多以古文行之。如韋叡傳敘合肥等處之功，昌義之傳敘鐘離之戰，康絢傳敘淮堰之作，皆勁氣銳筆，曲折明暢，一洗六朝蕪冗之習，南史雖稱簡淨，然不能增損一字也。至諸傳論，亦皆以散文行之。魏鄭公梁書總論猶用駢偶，此獨卓然傑出於駢四儷六之上，則姚察父子為不可及也。世但知六朝之後古文自唐韓昌黎始，而豈知姚察父子以振於陳末唐初也哉。〔註50〕

不過，趙翼的看法會讓人以為姚氏父子行文只有散文之風的偏見，忽略了還有駢文、俗語等多元的文風，駢文史論例證上述已說明，至於俗文入史待以下來敘述。

〔註49〕（梁）蕭統編、（唐）李善注，《文選·序》（台北：華正書局，1982.11），頁2。

〔註50〕（清）趙翼著、王樹民校證，《廿二史劄記校證》（上）卷9〈古文自姚察始〉（北京：中華書局，2001.11），頁 196。

3、歌謠俗文入史

姚氏父子記載了許多民間歌謠，俗語與時人看法等增加史料的豐富性，將之整理成表格列之如下：

表4－3：《梁書》、《陳書》歌謠俗文入史整理表

《梁　　　　書》	出　處
（張稷）性疏率，朗悟有才略，與族兄充、融、卷等具知名，時稱之曰：「充融卷稷，是爲四張。」。	卷16〈張稷傳〉，頁270。
時魏降人王足陳計，求堰淮水以灌壽陽。足引北方童謠曰：「荊山爲上格，浮山爲下格，潼沱爲激溝，併灌鉅野澤。」。	卷18〈康絢傳〉，頁291。
（褚）緭戲爲詩曰：「帽上著籠冠，袴上著朱衣，不知是今是，不知非昔非。」。	卷20〈褚緭傳〉，頁315。
（天監）七年（508），慈母陳太妃薨，水漿不入口六日，居喪過禮，高祖優詔勉之，使攝州任。是冬，詔徵以本號還朝。民爲之歌曰：「始興王，民之爹，徒可反赴人急，如水火。何時復來哺乳我？」。	卷 22〈太祖五王傳〉，頁354。
（蕭景）在州尤稱明斷，符教嚴整。有田舍老姥嘗訴得符，還至縣，縣史未即發，姥語曰：「蕭監州符，火爛汝手，何敢留之！」其爲人所畏敬如此。	卷24〈蕭景傳〉，頁369。
（陸）杲少好學，工書畫，舅張融有高名，杲風韻舉動，頗類於融，時稱之曰：「無對日下，惟舅與甥。」。	卷26〈陸杲傳〉，頁398。
或有善人盡室離禍，惟（陸）襄郡部枉直無濫。民作歌曰：「鮮于平後善惡分，民無枉死，賴有陸君。」又有彭李二家，先因忿爭，遂相誣告，襄引入內室，不加責誚，但和言解喻之，二人感恩，深自咎悔，乃爲設酒食，令其盡歡，酒罷，同載而還，因相親厚。民又歌曰：「陸君政，無怨家，宴既罷，讎共車。」。	卷27〈陸襄傳〉，頁410。
（夏侯亶）兄弟並有恩惠於鄉里，百姓歌之曰：「我之有州，頻仍夏侯；前兄後弟，布政優優。」。	卷28〈夏侯亶傳〉，頁422。
魚弘，襄陽人。……常語人曰：「我爲郡，所謂四盡：水中魚鱉盡，山中麞鹿盡，田中米穀盡，村里民庶盡。丈夫生世，如輕塵栖弱草，白駒之過隙。人生歡樂富貴幾何時！」。	卷28〈魚弘傳〉，頁422。
（陳）慶之麾下悉著白袍，所向披靡。先是洛陽童謠曰：「名師大將莫自牢，千兵萬馬避白袍。」。	卷 32〈陳慶之傳〉，頁462。

《梁　　　　書》	出　處
陳郡謝覽，覽弟舉，亦有重譽，時人爲之語曰：「謝有覽舉，王有養炬。」。	卷33〈王筠傳〉，頁484。
（韓懷明）年十歲，母患屍疰，每發輒危殆。懷明夜於星下稽顙祈禱，時寒甚切，忽聞香氣，空中有人語曰：「童子母須臾永差，無勞自苦。」未曉，而母豁然平復，鄉里異之。	卷47〈韓懷明〉，頁653。
（何）炯年十五，從兄胤受業……，從兄求、點每稱之曰：「叔寶神清，弘治膚清，今觀此子，復見、杜在目。」。	卷47〈何炯傳〉，頁655。
初，（何）思澄與宗人遜及子朗俱擅文名，時人語曰：「東海三何，子朗最多。」。	卷50〈何思澄傳〉，頁714。
（何）子朗字世明，早有才思，工清言，周捨每與共談，服其精理。嘗爲敗冢賦，擬莊周馬棰，其文甚工。世人語曰：「人中爽爽何子朗。」。	卷50〈何子郎傳〉，頁715。
（丘）仲孚以距守有功，遷山陰令，居職甚有聲稱，百姓爲之謠曰：「二傅沈劉，不如一丘。」。	卷53〈丘仲孚傳〉，頁771。
其後王憍陳如，本天竺婆羅門也。有神語曰「應王扶南」，憍陳如心悅，南至盤盤，扶南人聞之，舉國欣戴，迎而立焉。	卷48〈扶南國傳〉，頁789。
普通（520～526）中，童謠曰：「青絲白馬壽陽來。」後景果乘白馬，兵皆青衣。	卷56〈侯景傳〉，頁862。
天監（502～519）中，有釋寶誌曰：「掘尾狗子自發狂，當死未死嚙人傷，須臾之間自滅亡，起自汝陰死三湘。」又曰：「山家小兒果攘臂，太極殿前作虎視。」掘尾狗子，山家小兒，皆猴狀。景遂覆陷都邑，毒害皇室。	卷56〈侯景傳〉，頁863。
《陳　　　　書》	出　處
（張）種少恬靜，居處雅正，不妄交遊，傍無造請，時人爲之語曰：「宋稱敷、演，梁則卷、充。清虛學尚，種有其風。」	卷21〈張種傳〉，頁280。
（沈）不害治經術，善屬文，雖博綜墳典，而家無卷軸。每製文，操筆立成，曾無尋檢。僕射汝南周弘正常稱之曰：「沈生可謂意聖人乎！」。	卷33〈沈不害傳〉，頁448。

　　總結上述例證，顯現姚氏父子運用駢散筆法寫史與將梁、陳二代時人謠諺史事編入《梁書》、《陳書》中，豐富史書的內容，看出二書中文字呈現方式是多樣性的，很難單一歸因於某種特定的筆法，如.趙翼散文之說。形成《梁書》、《陳書》中除有史學、史籍、史料價值外，更有文學賞析的美感。

　　再者，史學本身就有「懲惡勸善」的勸戒功用，甚至還有闡明教化爲目

的。史家本著如此修史目標，基於他們對文學本質的認識，藉「文學」來濟
世化民與闡述史學，至於姚氏父子對文學的重視與功用，是什麼呢？本文依
據姚氏父子在《梁書》、《陳書》的內容，將文學經世的觀點整理如下：

1、經禮樂緯國家、通古今述美惡：

然經禮樂而緯國家，通古今而述美惡，非文莫可也。是以君臨天下
者，莫不敦悅其義，縉紳之學，咸貴尚其道，古往今來，未之能易。
〔註51〕

2、妙發性靈：

陳吏部尚書姚察曰：……夫文者妙發性靈，獨拔懷抱，易邈等夷，
必興矜露。〔註52〕

3、贊王道、紓性靈、經禮樂、綜人倫、通古今、述美惡：

易曰「觀乎人文以化成天下」，孔子曰「煥乎其有文章」也。自楚、
漢以降，辭人世出，洛汭、江左，其流彌暢。莫不思侔造化，明並
日月，大則憲章典謨，裨贊王道，小則文理清正，申紓性靈。至於
經禮樂，綜人倫，通古今，述美惡，莫尚乎此。〔註53〕

4、人倫之基：

史臣曰：夫文學者，蓋人倫之所基歟，是以君子異乎眾庶。昔仲尼
之論四科，始乎德行，終於文學，斯則聖人亦所貴也。〔註54〕

上述是耙梳《梁書》、《陳書》後，整理出姚氏父子認為文學的功用，以上幾
個看法中，文學功用與上一章節史學的經術作用，有著異曲同工之妙。姚氏
父子認為文學發揮實用，就有帶領史學走向積極正面的意義，透過文學呈現
史學精神，並來理解《梁書》、《陳書》中「文」、「史」的互補性和關聯性。
〔註55〕

總之，史學和文學，兩者關係本就十分密切。〔註56〕史學家們運用文學

〔註51〕《梁書》卷49〈文學列傳序〉，頁685。
〔註52〕《梁書》卷44〈列傳第四十四〉，頁727～728。
〔註53〕《陳書》卷28〈文學列傳序〉，頁453。
〔註54〕《陳書》卷28〈列傳第二十八〉，頁473。
〔註55〕張亞軍，《南朝四史與南朝文學研究》，（北京：中國社會科學，2007.07）。
〔註56〕逯耀東，〈經史分途與史學評論的萌芽〉，收入於氏著《魏晉史學的思想與社
會基礎》，頁257。一文中提到：「魏晉時期的文史，不僅包括了文學和史學，
而已成為一般學術的代名詞。」

語言再現波瀾壯闊的歷史場面，形象地描繪過往歷史的面貌，讓歷史的記錄
更加地生動，學者胡寶國認為兩者的關係，有如下：

> 不管怎樣，「文史」一詞被頻繁使用卻是從南朝開始的，這與晉代使
> 用的經史一詞相似，也具有雙重涵義，既意味著文與史的分離，也
> 意味著文與史還有著緊密的聯繫。〔註57〕

從上述研究中看出，文學家或史學家，兩者的身份可能是互通的。但是兩者
之間筆者認為還是可以稍加區別的，這部份的關係，筆者依據章學誠（1738
～1801）所說來做區分：

> 蓋欲為良史者，當慎辨於天人之際，盡其天而不益以人也。雖未能
> 至，苟允知之，亦足以稱著述者之心術矣。而文史之儒，競言才、
> 學、識，而不知辨心術以議史德，烏乎可哉？……夫史所載者事也，
> 事必藉文而傳，故良吏莫不工文，而不知文又患於為事役也。蓋事
> 不能無得失是非，一有得失是非，則出入予奪相奮摩矣。〔註58〕

歷史學和純文學不同，在於文字的表達上可以是文學的，即史書寫作的文學
美感；但在事件記錄角度來說，則是歷史學的，即排斥文采太過於美麗造成
的虛飾；兩者主要的不同在於，歷史敘述要「如實撰寫」、「接近事實」為其
精義所在。再者，歷史著作本就有文章的實用性與教化功能，運用文學筆法
去呈現史學的發展，可對史學的演變做深入地觀察與反省。姚氏父子撰寫的
《梁書》、《陳書》，除有史學上的成就外，更有其文學價值，不僅僅提供了歷
史事件記錄，並於其中展現出不同文體的呈現。此外，史學家的文學觀多了
對時間前後變動的探討，由於文學是人經由所思所感，藉由文字展現內心的
情境，更顯出深刻的文化意義，並建構出史官內心體認和經世意涵。形成所
謂的「成一家言」之顯現，由文史不分來理解《梁書》、《陳書》，除有史學的
角度外，更可藉文學史法的呈現來瞭解二書中的精妙意涵與文字藝術。

第三節　承繼變遷的特性

中國歷史學發展中，每個時代之間，都有其關聯性，此即《論語》中提

〔註57〕胡寶國，《漢唐間史學的發展》（北京：商務印書館，2003.11），頁67。
〔註58〕（清）章學誠著，葉瑛校注，《文史通義校注》卷3〈史德〉（北京：中華書局，
　　　　1985.05），頁220。

到：「殷因於夏禮，所損益可知也。周因於殷禮，所損益可知也。〔註59〕」時代和時代間的連結，正面或負面都有其累積性。歷史學發展到魏晉南北朝、隋唐時代，更出現不同的累積，已故史學大師陳寅恪認為：

> 隋唐制度雖極博紛複，然究析其因素，不出三源：一曰（北）魏、（北）齊，二曰梁陳，三曰（西）魏周。〔註60〕

上述是指整個大時代間的關聯，然而史學史發展上是否也是這樣呢？這方面由已故學者逯耀東提到：

> 魏晉是中國史學特別發達的時代，也是中國史學轉變的時代……這個時代的史學思想發展，與兩漢史學已有顯著的差異，而唐代的史學更又承繼這個基礎而演變。〔註61〕

再者，史學和時代有著如此的相關聯，唐代史學各方面的發展狀況，是否也是如此呢？根據張傳璽先生彙整為：

> 唐代是我國史學的一個重要發展時期，不少方面都表現出承上啓下的特點。一、確立了史館修史的制度。二、實錄發展成為史書的一個重要部類。三、產生了對前代史學進行系統總結的史評專著《史通》。四、新創典制體。〔註62〕

總之，在中國史學發展的歷程中，隋唐五代的史學既是接續魏晉南北朝史學而發展，但又不完全等同，在不同程度上受到啓迪和推動，形成唐代史學本身有承前啓後的特色；本節從整理《梁書》、《陳書》史料時，在以下幾個方面，看出《梁書》、《陳書》二書中，有著相互承繼與變遷的特性。

1、體例上

這方面，清人趙翼，有以下看法：

> 司馬遷參酌古今，發凡起例，創為全史。本紀以序帝王，世家以記侯國，十表以繫時事，八書以詳制度，列傳以誌人物，然後一代君

〔註59〕 （宋）朱熹，《四書章句集注》論語集注卷一〈為政第二〉（北京：中華書局，2001.11），頁59。

〔註60〕 陳寅恪，《隋唐制度淵源略論稿》（台北：台灣商務，1994.07），頁1。

〔註61〕 逯耀東，〈魏晉史學的雙層發展〉，收入於氏著《魏晉史學及其他》（台北：東大發行，1998），頁15。

〔註62〕 張傳璽主編，《中國歷史文獻簡明教程》（北京：北京大學，1997.10），頁74。或是參考丁鼎，〈略論魏晉南北朝史學對唐代史學的影響〉，《歷史學》，第2期（1994），頁27～33。等觀點。

臣政事，賢否得失，總彙於一篇之中。自此例一定，歷代做史者遂
不能出其範圍，信史家之極則也。〔註63〕

中國史學史發展，正史地位趨於重要，司馬遷實為重要人物之一，因為正史
體例不脫太史公所留下的範疇，誠如趙翼上述之言。《史記》為紀傳體的鼻祖，
發凡創例，對後世的影響頗大，是則體例雖可仍舊，項目卻隨時改易，此屬
常有之事。〔註64〕太史公開創了本紀、世家、表、書、列傳體例，之後班固
的《漢書》無世家，改書為志，使正史體例為之一變。〔註65〕唐代時期完成
的《梁書》、《陳書》並無志，在編撰上另有安排〔註66〕，然則卻是體例上的
改變。列傳部份，《梁書》、《陳書》中人物列傳在安排上也有不同之處，表格
整理如下：

表4-4：《梁書》、《陳書》人物列傳安排比較表

梁　書	孝行、儒林、文學、處士、止足、良吏、諸夷
陳　書	孝行、儒林、文學

上述表格中，《梁書》比《陳書》多了處士、止足、良吏、諸夷等傳。
《梁書》中將「孝義」改為「孝行」、改「隱逸」或「高逸」為「處士」等，
在內容上其實也是類似之前正史的編排。新增「止足」一傳命名，其餘多
仿前史，名目上略加改變，惟止足傳應是史學編輯方面的新貢獻，即將為
官知進退者入史。〔註67〕《梁書》在這方面顯然比以往史書變遷出不同的
內容，〔註68〕至於《陳書》以承繼《梁書》為主，變遷這方面較有限。

〔註63〕（清）趙翼著、王樹民校證，《廿二史箚記校證》（上）卷1〈各史例目異同〉，
　　　　頁3。

〔註64〕（唐）劉知幾著、（清）浦起龍釋，《史通通釋》卷10〈自序〉，頁290。：「其
　　　　於史傳也，嘗欲自班、馬已降，迄於姚、李、令狐、顏、孔諸書，莫不因其
　　　　舊義，普加厘革。」

〔註65〕（唐）劉知幾著、（清）浦起龍釋，《史通通釋》卷1〈六家〉，頁22。：「漢
　　　　書者，究西都之首末，窮劉氏之廢興，包舉一代，撰成一書。言皆精練，事
　　　　甚該密，故學者尋討，易為其功。自爾迄今，無改斯道。」

〔註66〕十志附入《隋書》中，此可參考《舊唐書》卷4〈高宗本紀上〉，頁75。：「（永
　　　　徽）七年（656）……五月己卯，太尉長孫無忌進史官所撰梁、陳、周、齊、
　　　　隋五代史志三十卷。」

〔註67〕《梁書》卷52〈止足列傳序〉，頁758。：「其量力守志，則當世罔聞，時或
　　　　有致事告老，或有寡志少欲。」

〔註68〕莊申，〈漢唐之間正史專傳的設立與衍生〉，《國立臺灣師範大學歷史學報》，

卷末史論部份，《梁書》、《陳書》以「史臣曰」占最多數，承繼了《宋書》、《南齊書》、《魏書》等書所留下的史論形式。依王鳴盛（1722～1798）說法如下：

> 沈約《宋書》改論稱史臣曰；蕭子顯《南齊書》、姚思廉《梁》、《陳》二書、魏收《北魏書》、令狐德棻《北周書》及《晉書》、《隋書》、《舊唐書》並同。〔註69〕

姚思廉承繼了南北朝「史臣」的傳統外，〔註70〕卻在書中增加了「史臣侍中鄭國公魏徵」、「陳史部尚書姚察」等內容，同時改變了四史中，太史公曰、評曰、贊曰、論曰的呈現，並且扮演著承繼史臣傳統的角色，影響日後《晉書》史臣論述的形式，卷末出現監修史官魏徵的史論，又是唐代以前史書所沒有的，在《梁書》、《陳書》二書修纂方面，此又是承繼舊時代與因應新時代影響而變遷的例證之一。

2、史文編排上

《梁書》、《陳書》在修纂時，除了承繼了以往史書的體例編撰成書。雖然二書難以細分何者為姚察、姚思廉所做（除史論較為明確以外），二書實可視為整體性的，再者，史學史研究的過程中，仍需從留下來的歷史資料中加以推演出結論，《梁書》、《陳書》中，姚氏父子的文筆，在史論以及列傳序編排、引文、《漢書》家學等面向均有著承繼性，舉例如下：

（1）史論：

a. 陳史部尚書姚察曰：阮孝緒常言，仲尼論四科，始乎德行，終乎文學。有行者多尚質樸，有文者少蹈規矩，故衛、石靡餘論可傳，屈、賈無立德之譽。若夫憲章游、夏，祖述回騫，體兼文行，於裴幾原見之矣。〔註71〕

b. 史臣曰：夫文學者，蓋人倫之所基歟？是以君子異乎庶。昔仲尼

第 23 期（1995.06），頁 36。一文中認為：「〈處士傳〉，在性質上與《後漢書》的〈逸民傳〉、《宋書》的〈隱逸傳〉、《南齊書》的〈高逸傳〉、以及《魏書》的〈逸士傳〉，都有幾分相似。……但是〈止足傳〉是姚思廉在史學編輯方面的新貢獻。」

〔註69〕（清）王鳴盛，《十七史商榷》點校本卷 1〈史記創立體例〉（台北：大化書局，1977.05），頁 5～6。

〔註70〕請參考本書第二章第一節表 2－3：《梁書》、《陳書》卷末史論署名統計表。

〔註71〕《梁書》卷 30〈列傳第二十四〉，頁 449～450。

之論四科，始乎德行，終於文學，斯則聖人亦所貴也。至如杜之
偉之徒，值於休運，各展才用，之偉尤著美焉。〔註72〕

（2）儒林列傳序：

a. 自是中原橫潰，衣冠殄盡，江左草創，日不暇給，<u>以迄于宋、齊，
國學時或開置</u>。……<u>高祖親屈輿駕，釋奠於先師先聖，申之以讌
語，勞之以束帛，濟濟焉，洋洋焉，大道之行也如是</u>。〔註73〕

b. 魏、晉浮蕩，儒教淪歇，公卿士庶，罕通經業矣。<u>宋、齊之間，
國學時復開置</u>。……<u>梁武帝或紆鑾駕，臨幸庠序，釋奠先師，躬
親試冑，申之讌語，勞之束帛，濟濟焉斯蓋一代之盛矣</u>。〔註74〕

（3）文學列傳序：

a. <u>然經禮樂而緯國家，通古今而述美惡，非文莫可也</u>。是以君臨天
下者，莫不敦悅其義，縉紳之學，咸貴尚其道，古往今來，未之
能易。〔註75〕

b. 大則憲章典謨，裨贊王道，小則文理清正，申紓性靈。<u>至於經禮
樂，綜人倫，通古今，述美惡，莫尚乎此</u>。〔註76〕

（4）漢書家學

a. （蕭）子恪與弟子範等，嘗因事入謝，高祖在文德殿引見之，從
容謂曰：「我欲與卿兄弟有言。夫天下之寶，本是公器，非可力
得。苟無期運，雖有項籍之力，終亦敗亡」。所以<u>班彪王命論</u>云：
「所求不過一金，然終轉死溝壑」。卿不應不讀此書。〔註77〕

b. （陳寶應）又嘗令左右誦漢書，臥而聽之，至蒯通說韓信曰「相
君之背，貴不可言」，寶應蹶然起曰「可謂智士」。寄正色曰：「覆
酈驕韓，未足稱智；豈若<u>班彪王命</u>，識所歸乎？」。〔註78〕

第一點在引用上，共同徵引出對文學有其重視性的說法；第二點在歷史敘述

〔註72〕《陳書》卷34〈列傳第二十八〉，頁473。
〔註73〕《梁書》卷48〈儒林列傳序〉，頁661～662。
〔註74〕《陳書》卷33〈儒林列傳序〉，頁433～434。
〔註75〕《梁書》卷49〈文學列傳序〉，頁685。
〔註76〕《陳書》卷28〈文學列傳序〉，頁453。
〔註77〕《梁書》卷35〈蕭子恪傳〉，頁507～508。
〔註78〕《陳書》卷19〈虞寄傳〉，頁259。

上，用詞用語多處相同；第三點在文字使用上，都以六四駢文方式來說明文學的重要性；第四點援用班彪〈王命論〉，更是前文章節中所提及姚氏《漢書》家學相承的例證。上述姚氏父子使用的編排，在二書中展現出一體的繼承性。

3、日後的影響

　　《梁書》、《陳書》除了受到中國傳統史學的影響，有其承繼性外，但在二書中學者也認爲有變遷性，以下兩段資料，顯示其與當時不同之處

　　（1）史體：

> 南史載郗后化爲龍居池中，轆轤金餅，灌百味以祀。及徐妃淫行甚詳，而姚察本書皆不記。自古策書惟紀大事，至簡牘則無不言，顧筆墨所存有雅俗耳，察但知諱避。〔註79〕

此看出姚察對於雅俗不信者，加以取捨並不妄入史書，看出編纂的功力，也是書中比《南史》不同的地方。

　　（2）文體：

> 至其文筆，亦足稱良史……而敘事之簡嚴完善則李延壽亦不能過，……又宋齊書傳論多四六體蓋六朝文筆相習如此。至姚察則全作散文，思廉因之亦然，雖魏鄭公所撰梁紀總論亦不及矣。〔註80〕

在這段資料與趙翼《廿二史箚記》中認爲古文自姚察始，有相類似，都可看出姚氏父子的文學風格，有散文入史的情形，更有開古文使用之先驅，甚至其文體更有成一家之言之說。〔註81〕

　　變遷其實還有指史書對日後的影響，即由史書的史料形成後世史家對此留下來的資料加以研究與解釋，這部份以《資治通鑑》將正史資料整理的最具有代表性，依王鳴盛認爲：

> 司馬公雖欲上續《左傳》，究以十七史爲依藉，方能成《通鑑》，豈有正史可無之意在其胸次耶？〔註82〕

一部史書的完成，不應只有承繼當時與之前的史學遺產外，最主要的變遷則

〔註79〕（宋）葉適，《習學記言》卷 32〈南史二〉（上海：上海古籍，1992.01），頁293。

〔註80〕（清）趙翼，《陔餘叢考》卷 7〈梁陳二書〉，頁 70。

〔註81〕林傳甲，《中國文學史》（台北：學海，1986.03），頁 132。

〔註82〕（清）王鳴盛，《十七史商榷》點校本卷 100〈通鑑與十七史不可偏廢〉，頁142。

是帶出日後研究此部史書的新價值，形成一種「現在」與「過去」之間相聯繫的對話。〔註83〕本書前面幾章節討論父子修史、不同時期官修史學、經學與天人思想、《漢書》家學的承繼、正史觀念的定型等，上述內容都代表《梁書》、《陳書》中有著延續與變異的現象，繼承前人成果基礎上，不斷地加以改造與創新，靠著生生不息的創造成果，不斷累積，賦予史學新的活水，如此才是史學研究上重要的價值，深一層來說更是對史學文化的延續。

　　總之，史學藉由不斷的累積，其實是種豐富且有深度的文化活動。中國歷史上唐代的文化，是中國政治社會中輝煌燦爛的時期，由於隋、唐的統一，提供了文化發達的基礎。學者羅香林先生認為唐代文化特色：

> 唐代文化是具有開創性的文化。他不但完全繼承先代文化的優良傳統，並以協進態度融匯外來文化，而同時更以之作為基礎，創發更為日新，更為光瑋，而自成體系的文化。〔註84〕

唐代文化繼承了南北朝文化發展的水平，在此水平上總結以前的成就，進一步向上提昇，使得史學產生變遷。歷史研究中，需要運用抽象思維的方法，從大量的歷史資料中歸納出規律性的結論；藉著研究史學，加深了解歷史發展中的特性與影響，這方面可由李大釗先生的史觀論到：

> 史學的主要目的，本在專取歷史的事實而整理之，記述之；嗣又更進一步，而為一般關於史的事實之理論的研究，於已有的記述歷史以外，建立歷史的一般理論。〔註85〕

只是，李大釗建構的史學理論著重在唯物史觀的證明，本節重點希望藉由《梁書》、《陳書》來建構研究史學的方法，因此上述李大釗建構理論的觀點是可以參考的。建構歸納出的史學特性可以用來解釋歷史事實，但切勿落入削足適履的盲點中，更非只是闡述某個觀點，若如此只會使史學研究愈走愈狹而已，這是研究過程中要去注意的。

　　唐代修成的八部正史中，《梁書》、《陳書》明顯地是在魏晉南北朝史學編撰成果基礎上完成的。〔註86〕本節從歸納與分析《梁書》、《陳書》中，證明史學所顯出的現象，即繼承與創新相互發展的特性。如果繼承只是原封不動

〔註83〕Edward H. Carr 著、王任光譯，《歷史論集》（台北：幼獅，2003.01），頁 23。

〔註84〕羅香林，〈唐代文化的新認識〉，收入於氏著《唐代文化史研究》（台北：台灣商務，1980），頁 13。

〔註85〕李守常，《史學要論》（石家莊：河北教育，2000.01），頁 14。

〔註86〕丁鼎，〈略論魏晉南北朝史學對唐代史學的影響〉，頁 29。

的話，就僵化了，繼承過程是有生命的，不斷發展和累積的，如此才能帶出更多新的創造力，新的創造力就是學術上的創新精神。這種新的認識，即對史學做出反思，述往而知來對史學研究提出了新的源泉，隨時不斷創新，構成了對傳統史學文化進行選擇、改造與推陳出新，這就是本節「承繼變遷特性」觀點的解釋，如此賦與史學的深度和廣度，呼應傅斯年所謂的「不斷進步之學」〔註87〕，總之，透過了解歷史，不只是爲了知道過去的史實，而是從中吸取前人留下的經驗和啓示，藉由了解過去而能將之運用於現實和未來，如此的史學研究才更具有意義。

〔註87〕傅斯年，〈歷史語言研究所工作之旨趣〉，收入於氏著《傅斯年全集》第四冊（台北：聯經，1980），頁 253（1301）～266（1314）。

第五章 結 論

　　中國史學史發展的瀚海裡，不同時期各有特色，魏晉南北朝的史學更是興盛，日後走向一統的隋唐史學，都在不同程度上受此啟迪和推動，然而盛唐史學也將中國史學帶入另外一個高峰。其中，「正史」在中國史學研究領域中，向來佔有重要的價值，然而正史的形成，自唐代確立了為前一王朝設官開局撰史的傳統，代代相沿，成為永制。〔註1〕今日看到的二十五正史顯現出中國史學上輝煌的成就和價值，二十五正史更是研究中國史取材之大本營。然則，二十五正史體例的確立，主要是依據《史記》與《漢書》，《史記》為紀傳體的鼻祖，《漢書》改以一朝為限，對於後世正史體例，影響甚大。唐以前，多出私撰，各成一家之言；唐以後，則多為官方設館修史，唐代完成的《梁書》與《陳書》更是代表著官修紀傳正史體例強化下的產物。《梁書》與《陳書》就是在此環境下完成的。此二書雖是寫梁朝、陳朝時期的歷史，記錄當時政治、學術、社會、人物與文學等方面的發展過程，但本論文要研究的，不在《梁書》、《陳書》考證的成果，因為這部份前人成就已是豐富，至於本文關注的是要去研究《梁書》、《陳書》在南朝後期至唐代官方史學的修纂方式，其中對此二書做更進一步的了解與判讀，接著以下就幾個方面來總結說明。

〔註1〕 邱添生，〈唐代設館修史制度探微〉，《國立台灣師範大學歷史學報》，第14期，（1986.06），頁20。中提到：「自唐代以後，每一個新建立的朝代，循例都要為前朝修史，並完成皇皇鉅著，遂使中國歷代各朝的正史得以綿延不絕，從而保存了大致完整的基本史料，這不能不歸功於唐代創立的設館修史制度。」。

（一）

　　梁朝、陳代至唐朝曾修《梁書》、《陳書》者，雖然修史人物多，但其中未能完成修史重責，或因半途死去、或受到抽離去做其他的事項，以及無史學相關經驗等因素，都使得修史之業受到延宕，這些人因現今二書提名為姚思廉所撰而受到忽略，這是值得注意與研究的地方。二書可看成是父子相傳之業，今留下《梁書》五十六卷、《陳書》三十六卷，其實是在梁、陳二朝時，姚思廉在父親姚察對梁、陳二史原有的基礎上加以完成，所以《梁書》、《陳書》都應算是姚察、姚思廉父子共同努力下的心血，兩書是一體的，而日後主要總其成者則以姚思廉修纂為主要。

（二）

　　《梁書》其實起於梁朝末年就開始修的國史，當時是以杜之偉為職掌，姚察只是其中佐著作郎之一，這個時候是以官方修史為主；到了陳朝，宣帝、後主都有下詔續修梁史的情形；隋朝統一南北，由於隋文帝禁止私家修史，因此修國史這方面還是要官方認可才是，梁、陳二史就是在這種環境下由姚察繼續修纂；隋煬帝時詔姚思廉續修父親姚察所留下來的梁史、陳史舊稿，還是要得到官方認可才可以進行；唐高祖武德修史詔令、太宗貞觀修史詔令，都說明了梁史、陳史仍是要得到官方許可才可以修纂。在修史制度上，編修的地方除了是當時政治中心之外，修史也由史臣統籌，都顯示出修史是受到注意與控制。總括上述，從梁朝、陳朝、隋代統一陳朝，至唐代建立後，從前述諸多史料發現，《梁書》、《陳書》的修纂都是需要經過當朝同意才行，此二書更是官方許可下的代表之作。

（三）

　　《梁書》、《陳書》二書裡強調儒家經術、重君臣尊王室、春秋筆法寫史、將孝行列傳編入史書、對違反君臣觀者加以貶抑等，都顯現出姚氏父子深受儒家思想的影響，並對儒家思想的精神加以實踐於修纂史書裡。再者，官修史學背景下，隱晦和避諱現象始終伴隨著史學發展而存在，成為中國史學上編撰的傳統，然此是要去考慮史家本身所處的時代侷限性，了解姚氏父子所處的環境後，其實可以發現《梁書》、《陳書》裡有著濃厚的儒家觀念，而姚

氏父子藉二書來發揮儒家中「重君臣」、「重孝」、「重綱常」等名教精神，同時是更深一層儒家「經世筆法」的展現。

（四）

姚氏父子的天人思想歷史觀，訴諸自然天意大於人事、以天命解釋君主的興起等，在現今看起來其實並不合時宜，但對姚氏父子來說，這是當時史學修纂的方式之一，除了天命史觀外，還有對人事因素的重視，雖然有限，不過也是有值得肯定之處，畢竟豐富了「天」、「人」思想來解釋歷史事件。將《梁書》、《陳書》天人關係中加以歸納和分析，整理出姚氏父子解釋史事的角度，更能進一步了解姚氏父子顯現出對「天」、「人」關係解釋歷史的看法與史學思想。

（五）

在《梁書》、《陳書》中，從體例、《漢書》考證記載入史及書法等，在內容和撰述方面，都可看出二書對《漢書》的仿效，形成姚氏一家特有的《漢書》家學。因此姚氏父子研讀的《漢書》，除是當時受到推崇的「顯學」影響外，更將之作為修史的範本，展現在修纂《梁書》、《陳書》中，所以在二書中有著研究《漢書》留下來的影響。其中姚察、姚思廉父子，是梁朝、陳代《漢書》學當代研究者之一，不僅將之傳業於後代，如姚珽，最特別的是表現在修撰《梁書》、《陳書》方面，藉由《梁書》、《陳書》的完成更是姚氏一族將《漢書》家學加以發揚，形成不同於諸家研究《漢書》的姚氏《漢書》家學。

（六）

唐代設置史館修史，促使「正史」的修撰逐漸朝向官方化和制度化。直到唐代才將魏晉南北朝以來的「正史」觀具體的呈現與定型，於是「正史」的定義就有修前代史、紀傳體體例與官修等三大特性，所以唐代的正史，開啟了日後中國正史的源流，將之成為制度化。在各類史書中，正史因而獲得特別崇高的地位，成為日後史學著作分類中的第一位。因此「正史」對於研究中國史，有很高的相關性與重要性，應是毋庸置疑的，《梁書》、《陳書》在

這方面不僅僅扮演著作爲借鑑前代興衰體驗的史學記錄，更是執行唐初重要修史功臣令狐德棻心中「正史」使命的著作之一。

（七）

　　歷史學和純文學不同，在於文字的表達上可以是文學的，即史書寫作的文學美感；但在事件記錄角度來說，則是歷史學的，即排斥文采太過於華麗造成的虛飾；兩者主要的不同在於，歷史敘述主要以「如實撰寫」、「接近事實」爲其精義所在。再者，歷史著作本就有文章的實用性與教化功能，讓文學筆法去呈現史學的發展，對史學的演變做深入地觀察與反省。姚氏父子撰寫的《梁書》、《陳書》，除有史學上的成就外，更有其文學價值，不僅僅提供了歷史事件記錄，並於事件中展現出不同文體的呈現，如.駢散文與俗文入史。此外，史學家的文學觀多了對時間前後變動的探討，文學的產生更是人經由所思所感，藉由文字展現內心的情境，更顯出深刻的文化意義，建構出史官內心體認和經世意涵。形成所謂的「成一家言」之顯現，由文史不分來理解《梁書》、《陳書》，除有史學的角度外，更可藉研究文學史法的呈現來瞭解二書中的精妙意涵與文字藝術。

（八）

　　唐代修成的八部正史中，《梁書》、《陳書》明顯地是在魏晉南北朝史學編修成果基礎上完成的。從歸納與分析《梁書》、《陳書》中，證明史學所顯出的現象，即繼承與創新相互發展的特質。如果繼承只是原封不動的話，就僵化了，繼承過程是有生命的，不斷發展和累積的，如此才能帶出更多新的創造力，新的創造力就是學術上的創新精神。這種新的認識，即對史學做反思，述往而知來對史學研究提出了新的源泉，隨時不斷創新，構成了對傳統史學文化進行選擇、改造與推陳出新，這就是「承繼變遷特性」觀點的解釋，如此賦予史學內涵深度和廣度。透過了解歷史，不只是爲了知道過去的史實，而是從中吸取前人留下的經驗和啓示，藉由了解過去而能將之運用於現實和未來，這樣的史學研究才更具有意義。

（九）

　　二十五正史在中國史學史領域中雖有其重要性，但是也有學者持有不同的評價，如下：

1、梁啓超：「知有朝廷而不知有國家，吾黨常言，二十四史非史也。二十四姓之家譜而已，其言似稍過當，然按之作史者之精神，其實際固不誣也。吾國史家，以爲天下者君主一人之天下，故其爲史也。不過敘某朝以何而得之，以何而治之，以何而失之而已。舍此則非所聞也。昔人謂左傳爲相斫書，豈惟左傳，若二十四史，眞可謂地球上空前絕後之一大相斫書也。」〔註2〕

2、何炳松：「我因此常常回想到我們中國的《二十四史》以及其他史部的書籍，如果用現代科學的標準來衡量他們，他們的地位實在有根本動搖的危險。中國向來一班正史的作家，我們雖然知道他們絕不會虛構事實，但是他們不但不肯說明他們斷定事實的理由，而且並不願宣佈他們材料的來歷。這種深閉固拒的態度，極易使後人誤會他們的工作是閉門造車。衡以現代科學的標準，最多是『一面之詞』罷了。」〔註3〕

3、楊家駱：「正史之失者第一在以帝王爲中心……第二詳述陰陽五行迷信……第三以人物政治爲中心。」〔註4〕

上述這些說法其實流於批評，沒有深入研究二十四正史的內涵。如果不加以細察古人著史之時與情，即以章學誠爲「知古人之身處」之情來做理解的話，〔註5〕很容易落入以偏概全的認知，這也是姚氏父子《梁書》、《陳書》二書造成後世欲研究者望之卻步原因之一；此外，正史本來就是以帝王爲主要出發點，本是史書角度的問題，加上史官記錄時的呈現方式，形成史家不同宗旨各有所在，〔註6〕這是要去注意的。總之，本書欲擺脫傳統單一認知《梁書》、

〔註2〕梁啓超，《飲冰室文集》第四冊（台北：台灣中華書局，1960），頁3。

〔註3〕何炳松〈歷史研究法〉，收入於氏著《何炳松論文集》（北京：商務印書館，1990.02），頁160。

〔註4〕楊家駱，《廿五史述要》（台北：世界書局，1994.10），頁311～312。

〔註5〕（清）章學誠著，葉瑛校注，《文史通義校注》卷3〈文德〉（北京：中華書局，1985.05），頁278～279。中提到：「是則不知古人之世，不可妄論古人文辭也。知其世矣，不知古人之身處，亦不可以遽論其文也。」。

〔註6〕陸紹明〈史家宗旨不同論〉，收入於楊家駱，《廿五史述要》，頁356。

《陳書》二書的侷限，將重心放在研究姚氏父子的史觀、修史過程、史學思想、方法與筆法等、並歸納出史學的特性，從上述幾點來著手研究。

（十）

在撰寫本書時還發現，仍有許多問題可加以研究，如吏部尚書（因姚察曾任吏部尚書）與南朝史學的發展、非主要史學家的重視、史學著作的史學思想等史學史研究。這都有待後繼者加以突破和創新，如此的史學成果才更加完整。本文主要探討姚氏父子修纂《梁書》、《陳書》的歷程、方法與對日後史學史研究的影響爲主，希望從上述觀點的呈現，對中國正史的著作、以及在閱讀與使用史料上，做一個省思與關注。再者，中國史學十分發達，史籍類別豐富多元。有唐一朝，官方史學繁盛，更爲日後各代官方史學奠下正史修纂的基礎，因此有必要再去研究唐代官方史學中的存在和發展，並予以分析與研究。站在官方史學的立場來修史，反映出官方對歷史解釋權的控制，因此史書中出現避諱、歌頌王室與爲王室隱晦等情形，是難免的，閱讀和研究正史時更要去注意的；雖然唐代官修史學，其中的利與弊，因人理解而有差異，但是留下來的貢獻和影響，卻是難以言喻的。〔註7〕因此，唐代設館修史是中國史學史上重要的里程碑，《梁書》與《陳書》的完成就是這方面的代表。大體上，以上幾點是對姚察、姚思廉父子《梁書》與《陳書》二書初步研究的大致結論。

本書由筆者碩士學位論文修改而來，自就學於輔仁大學歷史學系時，受邵臺新老師開設的魏晉南北朝史課程所啓發，即對南朝陳朝發展有興趣；就讀中興大學歷史研究所時，繼續跟著師長們及史學同好者學習著如何「做學問」；從 2008 年畢業迄今，因工作隨波於俗世之中，近日王明蓀老師囑可將過去碩士論文修改而出版之，著實深感惶恐，於是利用工作之餘，斷續加以

〔註 7〕 陳其泰〈中國古代設館修史功過得失略論〉，《河北學刊》，卷 23 第 5 期（2003.09），頁 157。中提到：「中國自唐代開始設史館修纂正史，首先應著重從三個方面做總結與闡釋：1、古代設館修史制度對於保證歷史記載連續不斷，促進中華文明保持其強大的傳承力、生命力、影響力具有重大的意義；2、設館修史制度又保證各個歷史時期，哪怕是戰亂頻仍、朝代更迭迅速的特殊年代，也能即時記載史事，儲存了豐富的成果；3、古代設館修史所完成的各個朝代的『正史』，大多具有『一代全史』的價值，其負責主纂的學者有統籌全局、綜理推動截定之功。」。

修改與增補，並補充相關學術研究，以完整之。最末，感謝當年口試委員林時民老師與張榮芳老師的寶貴意見以及鼓勵，再次，感謝王明蓀老師耐心的指導與提點，讓學生當年在寫論文的過程中受益良多，最後，感謝花木蘭出版社願意出版本書。本書若有不盡善之處，本人願接受一切的建議或指正，並懇請讀者見諒與包容，感恩！

徵引書目

一、正史：依時間先後排列

1. 《史記》，北京：中華書局，1982.11。
2. 《漢書》，北京：中華書局，2002.11。
3. 《後漢書》，北京：中華書局，1987。
4. 《三國志》，北京：中華書局，1959。
5. 《魏書》，北京：中華書局，1974。
6. 《宋書》，北京：中華書局，1974。
7. 《南齊書》，北京：中華書局，1972。
8. 《周書》，北京：中華書局，1983.10。
9. 《梁書》，北京：中華書局，1973。
10. 《陳書》，北京：中華書局，1992.07。
11. 《隋書》，北京：中華書局，1973。
12. 《北史》，北京：中華書局，1974。
13. 《南史》，北京：中華書局，1975。
14. 《舊唐書》，北京：中華書局，1996。
15. 《新唐書》，北京：中華書局，1975。
16. 《明史》，北京：中華書局，1974。

二、基本史料（古代典籍）：先依朝代再依作者姓氏筆劃排列

1. （漢）公羊壽傳、（漢）何休解詁、（唐）徐彥疏，《春秋公羊傳注疏》，收入於（清）阮元刻，《十三經注疏本》（七），台北：新文豐，1988。

2. （魏）王弼注、（唐）孔穎達疏，《周易正義》，收入於（清）阮元刻，《十三經注疏本》（一），台北：新文豐，1988。

3. （北齊）顏之推著、王利器集解，《顏氏家訓集解》，北京：中華書局，1993.12。

4. （梁）梁元帝著、王雲五主編四庫全書珍本別輯，《金樓子》，台北：台灣商務，出版年不詳。

5. （梁）蕭統編、（唐）李善注，《文選》，台北：華正書局，1982.11。

6. （唐）王方慶集，《魏鄭公諫錄》，北京：中華書局，1985。

7. （唐）吳兢，《貞觀政要》，台北：台灣中華書局，1962。

8. （唐）李林甫，《唐六典》，北京：中華書局，1992.01。

9. （唐）張彥遠，《歷代名畫記》，北京：中華書局，1985。

10. （唐）劉知幾著、（清）浦起龍釋，《史通通釋》，台北：里仁書局，1993。

11. （唐）釋道宣輯，《廣弘明集》，上海：上海商務，1965。

12. （宋）王堯臣等編，《崇文總目》，北京：中華書局，1985。

13. （宋）王溥，《唐會要》，北京：中華書局，1985。

14. （宋）王應麟，《玉海》，上海：上海古籍，1992。

15. （宋）司馬光，《司馬溫公文集》，北京：中華書局，1985。

16. （宋）朱熹，《四書章句集注》，北京：中華書局，2001.11。

17. （宋）宋敏求編、楊家駱主編，《唐大詔令集》，台北：鼎文書局，1972。

18. （宋）周密，《齊東野語》，北京：中華書局，2004.05。

19. （宋）洪邁，《容齋隨筆五集》，台北：台灣商務，1965。

20. （宋）晁公武，《郡齋讀書志》，台北：中文，1978.07。

21. （宋）晁說之，《嵩山景迂生集》全二冊，台北：台灣學生書局，1975.05。

22. （宋）高似孫，《史略》，台北：台灣商務印書館，1965.12。

23. （宋）曾鞏《曾鞏全集·文集》，台北：河洛圖書，1978.12。

24. （宋）葉適，《習學記言》，上海：上海古籍，1992.01。

25. （宋）趙與時，《賓退錄》（一）（二），北京：中華書局，1985。

26. （明）王圻、王思義編，《三才圖會》上冊，上海：上海古籍，1988。

27. （明）陸容，《菽園雜記》，北京：中華書局，1985。

28. （清）王鳴盛，《十七史商榷》點校本，台北：大化，1977.05。

29. （清）朱銘盤，《南朝梁會要》，台北：弘文館，1986。

30. （清）朱銘盤，《南朝陳會要》，台北：弘文館，1986。

31. （清）杭世駿，《諸史然疑》，台北：藝文印書館，1966。

32.（清）張之洞著，王樹柟編，《張文襄公（之洞）全集公牘（勸學篇・輶軒語）》，台北：文海，1970。

33.（清）章學誠著，葉瑛校注，《文史通義校注》，北京：中華書局，1985.05。

34.（清）董誥等編，《欽定全唐文》，北京：中華書局，1983。

35.（清）趙翼，《陔餘叢考》，台北：華世，1975.10。

36.（清）趙翼著、王樹民校證，《廿二史劄記校證》（上）（下），北京：中華書局，2001.11。

37.（清）錢大昕，《廿二史考異》，北京：中華書局，1985。

38.（清）顧炎武著、王雲五主編萬有文庫薈要，《日知錄》，台北：台灣商務，出版年不詳。

39.（清）洪齮孫，《補梁疆域志》，收入於二十五史刊行委員會編，《二十五史補編》第四冊，台北：開明書局，1959，頁4361～4431。

40.（清）萬斯同，《梁將相大臣年表》，收入於二十五史刊行委員會編，《二十五史補編》第四冊，台北：開明書局，1959，頁4349～4359。

41.（清）萬斯同，《梁諸王世表》，收入於二十五史刊行委員會編，《二十五史補編》第四冊，台北：開明書局，1959，頁4347～4348。

42.（清）萬斯同，《陳將相大臣年表》，收入於二十五史刊行委員會編，《二十五史補編》第四冊，台北：開明書局，1959，頁4435～4441。

43.（清）萬斯同，《陳諸王世表》，收入於二十五史刊行委員會編，《二十五史補編》第四冊，台北：開明書局，1959，頁4433～4434。

44. 臧勵龢，《補陳疆域志》，收入於二十五史刊行委員會編，《二十五史補編》第四冊，台北：開明書局，1959，頁4443～4475。

三、近人專書：依作者姓氏筆劃排列

1. Edward H. Carr 著、王任光譯，《歷史論集》，台北：幼獅，2003.01。

2. 二十五史刊行委員會編，《二十五史補編》第四冊，台北：開明書局，1959。

3. 尹達，《中國史學發展史》，台北：天山，出版年不詳。

4. 方北辰，《魏晉南朝江東世家大族述論》，台北：文津，1999.09。

5. 牛潤珍，《漢至唐初史官制度的演變》，河北：河北教育，1999.01。

6. 王永平，《中古士人文化遷移與文化交流》，北京：社會科學文獻，2005.06。

7. 王仲犖，《魏晉南北朝史》，上海：上海人民，1998.06。

8. 王樹民，《中國史學史綱要》，北京：中華書局，1997。

9. 王樹民，《史部要籍解題》，北京：中華書局，2003.04。

10. 白壽彝,《中國史學史》第一冊,上海:上海人民,1986。

11. 白壽彝,《中國史學史教本》,北京:北京師範大學,2003.08。

12. 白壽彝,《中國史學史論集》,北京:中華書局,2001.10。

13. 朱希祖,《中國史學通論》,台北:莊嚴,1977.10。

14. 何炳松,《何炳松論文集》,北京:商務印書館,1990.02。

15. 吳天任,《正史導讀》,台北:台灣商務印書館,1990.02。

16. 吳平、曹剛華、查珊珊輯,《《漢書》研究文獻輯刊》第一冊,北京:國家圖書館,2008.08。

17. 吳平、曹剛華、查珊珊輯,《《漢書》研究文獻輯刊》第十冊,北京:國家圖書館,2008.08。

18. 吳懷祺,《中國史學思想史》,台北:文史哲,2005.05。

19. 宋衍申,《中國史學史綱要》,長春:東北師範大學,1992。

20. 李守常,《史學要論》,石家莊:河北教育,2000.01。

21. 李宗侗,《中國史學史》,台北:華岡,1975。

22. 李長之,《司馬遷之人格與風格》,台北:台灣開明書店,1969.03。

23. 李威熊,《漢書導讀》,台北:文史哲,1977.04。

24. 李傳印,《魏晉南北朝時期史學與政治的關係》,武漢:華中科技大學,2004.08。

25. 杜維運,《中國史學史》(二),台北:三民書局,2002.09。

26. 杜維運、黃進興主編,《中國史學史論文選集》(一),台北:華世,1979.10。

27. 杜維運、黃進興主編,《中國史學史論文選集》(二),台北:華世,1979.10。

28. 周一良,《魏晉南北朝史論集》,北京:北京大學,2000.10。

29. 周文玖主編,《《晉書》、「八書」、「二史」研究》,北京:中國大百科全書,2009.01。

30. 周谷城,《中國學術名著提要(三)——歷史卷》,台北:黎明文化事業股份有限公司,1995.08。

31. 周佳榮,《中國史學名著概說》,台北:唐山,民國 1989。

32. 岳純之,《唐代官方史學研究》,天津:天津人民,2003.05。

33. 昌彼得、潘美月合著,《中國目錄學》,台北:文史哲,1986.09。

34. 林礽乾,《陳書異文考證》,台北:文史哲,1979.03。

35. 林傳甲,《中國文學史》,台北:學海,1986.03。

36. 邱敏,《六朝史學》,南京:南京,2003.11。

37. 金毓黻,《中國史學史》,台北:鼎文書局,1982.11。

38. 金毓黻，《靜晤室日記第十冊》，遼寧：遼瀋書社，1993.10。

39. 柳詒徵，《國史要義》，上海：華東師範大學，2000.11。

40. 胡寶國，《漢唐間史學的發展》，北京：商務印書館，2003.11。

41. 倉修良主編，《中國史學名著評介》第一卷，台北：里仁書局，1994.04.01。

42. 柴德賡，《史籍舉要》，台北：漢京文化事業有限公司，1985.10.30。

43. 郝潤華，《六朝史籍與史學》，北京：中華書局，2005.03。

44. 國立中興大學歷史系主編，《中西史學史研討會論文集》，台中：久洋，1986.01。

45. 國立中興大學歷史系主編，《第二屆中西史學史研討會論文集》，台中：久洋，1987.08。

46. 國立中興大學歷史系主編，《第三屆中西史學史研討會論文集》，台中：久洋，1991.02。

47. 張元濟，《校史隨筆》，台北：台灣商務印書館，1965.01。

48. 張立志，《正史概論》，台北：台灣商務印書館，1964。

49. 張亞軍，《南朝四史與南朝文學研究》，北京：中國社會科學，2007.07。

50. 張舜徽主編，《中國史學名著題解》，北京：中國青年，1984.02。

51. 張傳璽主編，《中國歷史文獻簡明教程》，北京：北京大學，1997.10。

52. 張廣智，《西方史學史》，台北：五南，2002.10。

53. 梁啟超，《中國歷史研究法》，台北：台灣商務印書館，1966.07。

54. 梁啟超，《飲冰室文集》第四冊，台北：台灣中華書局，1960。

55. 許世瑛編著，《中國目錄學史》，台北：中國文化大學，1982.10。

56. 許福謙，《南北朝八書二史疑年錄》，北京：北京、文津，2003.01。

57. 陳其泰、張愛芳主編，《《漢書》研究》，北京：中國大百科全書，2009.01。

58. 陳桐生，《中國史官文化與史記》，台北：文津，1993.11。

59. 陳寅恪，《隋唐制度淵源略論稿》，台北：台灣商務，1994.07。

60. 陳新雄、于大成主編，《漢書論文集》，台北：木鐸，1976.05。

61. 傅斯年，《傅斯年全集》第四冊，台北：聯經，1980。

62. 彭明輝，《台灣史學的中國纏結》，台北：麥田，2001。

63. 黃清連主編，《結網三編》，台北：稻鄉，2007.07。

64. 逯耀東，《魏晉史學及其他》，台北：東大發行，1998。

65. 逯耀東，《魏晉史學的思想與社會基礎》，台北：東大發行，2000。

66. 楊家駱，《廿五史述要》，台北：世界書局，1994.10。

67. 楊慧傑，《天人關係論》，台北：水牛圖書，1989.06.25。

68. 楊翼驤，《學忍堂文集》，北京：中華書局，2002。

69. 楊聯陞，《國史探微》，台北：聯經，1984。

70. 萬繩楠，《魏晉南北朝史論稿》，台北：昭明，1999。

71. 雷家驥，《中古史學觀念史》，台北：臺灣學生書局，1990。

72. 趙令揚，《關於歷代正統問題之爭論》，台北：學津，1976.05。

73. 齊文心等編，《國史史料學》（上），台北：嵩高，1985。

74. 劉師培，《中國中古文學史講義》，北京：中國人民大學，2004.09。

75. 劉節，《中國史學史稿》，台北：弘文館，1986。

76. 潘德深，《中國史學史》，台北：五南書局，1994。

77. 鄭欽仁主編，《中國文化新論制度篇——立國的宏規》，台北：聯經，1983.04。

78. 鄭鶴聲，《中國史部目錄學》，台北：華世，1985.10。

79. 鄭鶴聲，《史漢研究》，上海：商務印書館，1930。

80. 鄭鶴聲著、鄭一鈞整理，《正史匯目》，天津：天津古籍，2009.12。

81. 翦伯贊，《史學理念》，重慶：重慶，2001.10。

82. 錢穆，《中國史學名著》，北京：生活·讀書·新知三聯書店，2004.02。

83. 錢穆，《國史大綱》上冊，台北：台灣商務印書館，1996.11。

84. 錢穆，《錢賓四先生全集——中國學術思想史論叢》（三），台北：聯經，1994。

85. 謝保成，《隋唐五代史學》，廈門：廈門大學，1995.01。

86. 韓國磐，《隋唐五代史綱》，北京：新華書店，1979.05。

87. 瞿林東，《中國史學史綱》，北京：北京，2000.06。

88. 瞿林東，《白壽彝史學的理論風格》，開封：河南大學，2004.01。

89. 瞿林東，《唐代史學論稿》，北京：北京師範大學，1989.03。

90. 瞿林東主編，《20 世紀二十四史研究綜論》，北京：中國大百科全書，2009.01。

91. 羅香林，《唐代文化史研究》，台北：台灣商務，1980。

92. 嚴耕望，《嚴耕望史學論文選集》，台北：聯經，1991.05。

四、史學研究目錄與工具書：依著作者姓氏筆劃排列

1. 中國社會科學院歷史研究所編，《中國史學論文索引第三編》上、中、下，北京：中華書局，1992.05。

2. 中華文化復興運動推行委員會四庫全書索引編纂小組主編，《四庫全書文集編目分類索引·學術文之部》上，台北：臺灣商務印書館，1989。

3. 王國良編《魏晉南北朝文學論著集目正編——中國文學論著集目正編之三》，台北：五南，1996.07。

4. 王國良編《魏晉南北朝文學論著集目續編——中國文學論著集目續編之三》，台北：五南，1996.07。

5. 王錦貴主編，《中國歷史文獻目錄學》，北京：北京大學，1994.12。

6. 台灣開明書局編，《二十五史人名索引》，台北：開明書局，1977。

7. 余秉權編，《中國史學論文引得 1902～1962》，台北：華世，1975.04。

8. 宋德熹、甘懷貞、沈明德編著，《戰後臺灣的歷史學研究 1945～2000》第三冊，台北：行政院國家科學委員會，2004。

9. 宏業書局編輯部編，《二十四史紀傳人名索引》，台北：宏業書局，1981。

10. 洪順隆主編，《中外六朝文學研究文獻目錄》，台北：漢學研究中心，1992。

11. 高明士，《戰後日本的中國史研究》，台北：東昇出版事業有限公司，1982.09。

12. 高明士編，《中國史研究指南（二）——魏晉南北朝史·隋唐五代史》，台北：聯經，1990.04。

13. 張忱石編，《南朝五史人名索引》，北京：中華書局，1985。

14. 張撝之、沈起、劉德重等主編，《中國歷代人名大辭典》（上）（下），上海：上海古籍，1999。

15. 梁啓雄編，《二十四史傳目引得》，台北：台灣中華書局，1973。

16. 喬治忠、姜勝利編著楊翼驤審定，《中國史學史研究述要》，天津：天津教育，1996。

17. 復旦大學歷史系主編，《中國古代史論文資料索引 1949.10～1979.09》，上海：上海人民，1985。

18. 楊翼驤，《學忍堂文集》，北京：中華書局，2002。

19. 臧勵龢，《中國人名大辭典》，台北：台灣商務印書館，1979.02。

20. 鄺士元，《魏晉南北朝史研究論文書目》，台北：臺灣中華書局，1971.11。

五、學位論文：依發表先後排列

1. 林礽乾，〈陳書本紀校注〉（上）（下），台北：國立台灣師範大學中文研究所碩士論文，1969.06。

2. 耿慶梅，〈梁書本紀校注〉，台北：國立台灣師範大學中文研究所碩士論文，1970.06。

3. 張榮芳，〈唐代史館與史官〉，台北：國立台灣大學歷史研究所碩士論文，1982。

4. 趙惠芬,〈二十四史版本研究〉,台北：文化大學中文研究所博士論文,
   2001。

5. 洪文琪,〈姚察父子修撰梁、陳二書之研究〉,台北：文化大學史學研究
   所碩士論文,2005。

6. 陳金城,〈南朝四史對《漢書》史學繼承之研究〉,台北：文化大學史學
   研究所博士論文,2010。

六、期刊論文：依作者姓氏筆劃排列

1. 丁仮,〈《陳書・虞荔傳》標點糾誤〉,《古籍整理研究學刊》,第 1 期（1995）,
   頁 58。

2. 丁鼎,〈略論魏晉南北朝史學對唐代史學的影響〉,《歷史學》,第 2 期
   （1994）,頁 27～33。

3. 方北辰,〈古籍標點商榷八則〉,《四川大學學報（哲學社會科學版）》,第
   2 期（1989）,頁 106～107。

4. 牛潤珍,〈徐陵引姚察爲史佐不在永定初──讀《陳書・姚察傳》札記〉,
   《史學史研究》,第 2 期（2007）,頁 123～124。

5. 牛繼清,〈《陳書》時日校補〉,《中國史研究》,第 2 期（1997）,頁 64。

6. 牛繼清、張林祥,〈《梁書》時誤補校（上）〉,《文史》,第 46 輯（1999）,
   頁 186。牛繼清、張林祥,〈《梁書》時誤補校（下）〉,《文史》,第 46 輯
   （1999）,頁 222。

7. 王永平,〈中古吳興武康姚氏之家風與家學──從一個側面看文化因素在
   世族傳承中的作用〉,《揚州大學學報（人文社會科學版）》,卷7 第 2 期
   （2003）,頁 65～72。

8. 母美春,〈《梁書》劉杳「十三丁父憂」〉,《文教資料》,第 3 期（1997）,
   頁 114～115。

9. 白壽彝,〈唐初所修八史〉,收入於氏著《中國史學史論集》,北京：中華
   書局,2001.10,頁 177～194。

10. 朱希祖,〈蕭梁舊史考〉,收入於氏著《中國史學通論》,台北：莊嚴,
    1977.10,頁 109～149。

11. 朱雋,〈補《陳書・藝文志》〉,《文教資料》,第 3 期（1999）,頁 110～116。

12. 何炳松,〈歷史研究法〉,收入於氏著《何炳松論文集》,北京：商務印書
    館,1990.02,頁 147～167。

13. 吳志潔,〈從《陳書》看姚氏父子的史學旨趣〉,《淮北煤師院學報社會科
    學版》,第 1 期（1998）,頁 8～10。

14. 吳懷祺,〈《隋書・經籍志》的史學觀〉,《史學史研究》,第 1 期（1995）,
    頁 35。

15. 呂謙舉，〈中國史學思想的概述〉，收入於杜維運、黃進興主編，《中國史學史論文選集》（二），台北：華世，1979.10，頁 1075～1097。

16. 李少雍，〈姚氏父子的文筆與史筆——讀《梁書》、《陳書》札記〉，《文學遺產》，第 6 期（2002），頁 79～92。

17. 李宗侗，〈史官制度——附論對傳統之尊重〉，收入於杜維運、黃進興主編，《中國史學史論文選集》（一），台北：華世，1979.10，頁 65～109。

18. 李宗侗，〈南朝的四代史及其作者〉，《中國一周》，第 346 期（1956.12.10），頁 5。

19. 李則芬，〈南北朝梁書最偽〉，《東方雜誌》，卷 18 第 12 期（1985.06），頁 21～24。李雲光，〈補梁書藝文志〉，《師範大學國文研究所集刊》，第 1 期（1957.06），頁 1～117。

20. 李詳，〈正史源流急就篇〉，收入於楊家駱，《廿五史述要》，台北：黎明文化事業股份有限公司，1995.08，頁 356～360。

21. 李廣健，〈八〇年代大陸學者《漢書》研究述略〉，《新史學》，卷三第 2 期（1992.06），頁 57～85。

22. 李廣健，〈梁代《漢書》研究的興起及其背景〉，收入於黃清連主編，《結網三編》台北：稻鄉，2007.07，頁 65～88。

23. 沈剛伯，〈論文化蛻變兼述我國歷史上第一次文化大革新〉，《中山學術文化集刊》，第 1 期（1968.03.12），頁 1（總 501）～18（總 518）。

24. 汪廷奎，〈《廿四史《陳書》勘正一例〉，《廣東社會科學》，第 6 期（2003），頁 116。

25. 汪榮祖，〈究天人之際通古今之變——歷史生態學試論〉，《中國文化（風雲時代）》，卷 5（1991.12），頁 111～115。

26. 阮芝生，〈試論司馬遷所說的「究天人之際」〉，《史學評論》，第六期（1983.09），頁 39～79。

27. 周一良，〈魏晉南北朝史學發展的特點〉，收入於氏著《魏晉南北朝史論集》，北京：北京大學，2000.10，頁 384～402。

28. 周一良，〈魏晉南北朝史學著作的幾個問題〉，收入於氏著《魏晉南北朝史論集》，北京：北京大學，2000.10，頁 403～415。

29. 周文玖，〈主要論著索引〉，收入於周文玖主編《《晉書》、「八書」、「二史」研究》，北京：中國大百科全書，2009.01，頁 405～424。

30. 周保明，〈1911 年以來《漢書》研究論著目錄〉，收入於吳平、曹剛華、查珊珊輯，《《漢書》研究文獻輯刊》第十冊，北京：國家圖書館，2008.08，頁 599～626。

31. 林礽乾，〈陳書本紀校注〉，《大陸雜誌》，卷 44 第 5 期（1972.05），頁 270（38）～290（58）。

32. 邵承芬，〈南朝史官記注傳統的建立與演變──以陳書爲中心〉，《健行學報》，第 15 期（1995），頁 241～258。

33. 邵春駒，〈《梁書》點校雜拾（之二）〉，《邢臺職業技術學院學報》，卷 25 第 6 期（2008.12），頁 78～80。

34. 邵春駒，〈《陳書》校讀札記〉，《萍鄉高等專科學校學報》，卷 26 第 2 期（2009.04），頁 112～1140。

35. 邵春駒，〈《梁書》地名考誤七則〉，《中國歷史地理論叢》，卷 25 第 4 輯（2010.10），頁 157～159。

36. 邵春駒，〈《梁書》職官考誤七則〉，《圖書館雜志》，第 4 期（2011），頁 54、95～96。

37. 邵春駒，〈《梁書》記時考誤〉，《圖書館理論與實踐》，第 10 期（2011），頁 68～69。

38. 邵春駒，〈《梁書》辨誤一則〉，《江海學刊》，第 1 期（2012），頁 21。

39. 邱添生，〈唐代設館修史制度探微〉，《國立台灣師範大學歷史學報》，第 14 期（1986.06），頁 1～33。

40. 邱添生，〈唐初纂修前代正史析論〉，收入於國立中興大學歷史系主編，《第三屆中西史學史研討會論文集》，台中：久洋，1991.02，頁 361～383。

41. 邱薇瑜，〈《陳書》復音詞結構簡析〉，《語文學刊》，第 4 期（2003），頁 57～62。

42. 孫蓉蓉，〈《梁書》與《南史》劉勰傳異同考辨〉，《中國文化研究》，第 2 期（2005），頁 98～107。

43. 高敏，〈論述魏晉南北朝時期史學的興盛及其特徵和原因〉，《史學史研究》，第 3 期（1993），頁 55～61。

44. 張榮芳，〈考論得失‧懲惡勸善──史官制度〉，收入於鄭欽仁主編，《中國文化新論制度篇──立國的宏規》，台北：聯經，1983.04，頁 317～371。

45. 張榮芳，〈唐代君主的史學教育〉，收入於國立中興大學歷史系主編，《第二屆中西史學史研討會論文集》，台中：久洋，1987.08，頁 125～160。

46. 張榮芳，〈魏晉至唐時期的《漢書》學〉，收入於國立中興大學歷史系主編，《第三屆中西史學史研討會論文集》，台中：久洋，1991.02，頁 289～311。

47. 張償生，〈漢書著述目錄攷〉，收入於陳新雄、于大成主編，《漢書論文集》台北：木鐸，1976.05，頁 75～141。

48. 梅運生，〈劉勰《梁書‧劉勰傳》〉，《安徽師大學報（哲學社會科學版）》，卷 26 第 4 期（1998），頁 508～515。

49. 莊申，〈漢唐之間正史專傳的設立與衍生〉，《國立臺灣師範大學歷史學報》，第 23 期（1995.06），頁 27～57。

50. 許殿才，〈《漢書》研究的回顧〉，《史學史研究》，第 2 期（1991），頁 67
～74。

51. 許殿才，〈《漢書》中的天人關係〉，收入於陳其泰、張愛芳主編，《《漢書》
研究》，北京：中國大百科全書，2009.01，頁 348～365。

52. 許福謙，〈《陳書》紀傳疑年錄〉，《首都師範大學學報》，第 1 期（1997），
頁 70～78。

53. 曹剛華，〈《漢書》學簡論（代前言）〉，收入於吳平、曹剛華、查珊珊輯，
《《漢書》研究文獻輯刊》第一冊，北京：國家圖書館，2008.08，頁 1
～15。

54. 陳其泰，〈《漢書》歷史地位再評價〉，《史學史研究》，第 10 期（1988），
頁 25～36。

55. 陳其泰〈中國古代設館修史功過得失略論〉，《河北學刊》，卷 23 第 5 期
（2003.09），頁 157～166。

56. 陳其泰、張愛芳〈主要論著索引〉，收入於陳其泰、張愛芳主編，《《漢書》
研究》，北京：中國大百科全書，2009.01，頁 494～511。

57. 陳周，〈讀南朝四史札記〉，《古籍整理研究學刊》，第 6 期（1996），頁
39～41。

58. 陳表義，〈姚思廉及其《梁書》《陳書》淺論〉，《暨南學報（哲學社會科
學）》，第 2 期（1997.04），頁 72～77。

59. 陳表義，〈姚思廉所著梁、陳二書簡論〉，《西北第二民族學院學報（哲學
社會科學版）》，第 2 期（1996），頁 66～70。

60. 陳洪，〈《梁書》中人物生族年歲辨誤補遺〉，《古籍整理與研究》，第 7 期
（1992），頁 50。

61. 陳金城，〈南朝四史本紀纂修之探討〉，《中國歷史學會史學集刊》，第 42
期（2010.10），頁 60～85。

62. 陳金城，〈南朝四史「四夷傳」纂修原因之探討——兼論南朝與域外接觸
的新視野〉，《空大人文學報》，第 19 期（2010.12），頁 209～248。

63. 陸紹明，〈史家宗旨不同論〉，收入於楊家駱《廿五史述要》，台北：黎明
文化事業股份有限公司，1995.08，頁 356～360。

64. 陶懋炳，〈梁書與陳書〉收入於倉修良主編，《中國史學名著評介》第一
卷，台北：里仁書局，1994.04.01，頁 401～420。

65. 傅斯年，〈歷史語言研究所工作之旨趣〉，收入於氏著《傅斯年全集》第
四冊，台北：聯經，1980，頁 253（1301）～266（1314）。

66. 彭明輝，〈台灣地區歷史研究所博、碩士論文取向：一個計量史學的分析
（1945～2000）〉，收入於氏著《台灣史學的中國纏結》，台北：麥田，2001，
頁 151～205。

67. 陽壽彭，〈補陳書藝文志〉，《師範大學國文研究所集刊》，第 1 期（1957.06 月），頁 119～133。

68. 黃兆強，〈二十六史編纂時間緩速比較研究〉，「東吳大學歷史學系——第四屆史學與文獻學術研討會會議論文集」，（2003 年 6 月 13～14 日），頁 1～28。

69. 逯耀東，〈《隋書‧經籍志‧史部》及其〈雜傳類〉的分析〉，收入於氏著《魏晉史學的思想與社會基礎》，台北：東大發行，2000，頁 71～100。

70. 逯耀東，〈經史分途與史學評論的萌芽〉，收入於氏著《魏晉史學的思想與社會基礎》，台北：東大發行，2000，頁 253～276。

71. 逯耀東，〈魏晉史學的時代特質〉，收入於氏著《魏晉史學及其他》，台北：東大發行，1998，頁 3～13。

72. 逯耀東，〈魏晉史學的雙層發展〉，收入於氏著《魏晉史學及其他》，台北：東大發行，1998，頁 15～20。

73. 楊翼驤，〈唐末以前官修史書要錄〉，收入於氏著《學忍堂文集》，北京：中華書局，2002，頁 348～384。

74. 楊聯陞，〈二十四史名稱試解〉，收入於氏著《國史探微》，台北：聯經，1984，頁 341～349。

75. 詹宗祐，〈近二十年（1978～1998）新校本二十五史內文校正論著索引——中古之部〉，《漢學研究通訊》，卷 18 第 4 期（1999.11），頁 526～537。

76. 詹宗祐，〈近二十年來新校本二十五史內文校正論著索引補編——中古之部〉，《書目季刊》，卷 40 第 3 期（2006.12.16），頁 81～100。

77. 雷家驥，〈四至七世紀「以史制君」觀念對官修制度的影響〉，收入於國立中興大學歷史系主編《中西史學史研討會論文集》，台中：久洋，1986.01，頁 7～55。

78. 雷家驥，〈唐初官修史著的基本觀念與意識〉，《國立師範大學歷史學報》，第 15 期（1987.06），頁 1（27）～36（62）。

79. 熊清元，〈《梁書‧劉顯傳》點校匡補〉，《中國史研究》，第 2 期（1998），頁 175～176。

80. 熊清元，〈姚氏父子與《梁書》〉，《黃岡師範學院學報》，卷 21 第 2 期（2001.04），頁 8～15。

81. 熊清元，〈校史札記三則之二〉，《中國史研究》，第 4 期（2004），頁 52。

82. 熊清元，〈《梁書》點校辨正〉，《古籍整理研究學刊》，第 2 期（2005），頁 73～78。

83. 熊清元，〈中華書局本《梁書》補校 35 例〉，《黃岡師範學院學報》，卷 25 第 5 期（2005.10），頁 19～24。

84. 臧世俊，〈《梁書》略論〉，《歷史教學問題》，第 4 期（1992.04），頁 52 ～56。

85. 趙俊，〈《梁書》、《陳書》的編纂得失〉，《中國社會科學院研究生院學報》，第 3 期（1994），頁 17～24。

86. 趙俊，〈姚思廉的史學〉，《遼寧大學學報》，第 4 期（1988），頁 103～106。

87. 趙俊，〈兩《唐書‧姚思廉傳》辨證〉，《中國史研究》，第 3 期（1986），頁 166。

88. 劉師培，〈古學出於史官論〉，收入於杜維運、黃進興主編，《中國史學史論文選集》（一），台北：華世，1979.10，頁 41～57。

89. 蔣伯良，〈《梁書》、《陳書》舛誤辨〉，《寧波大學學報（人文科學版）》，卷 16 第 3 期（2003.09），頁 62～65。

90. 黎子耀，〈魏晉南北朝時期的歷史編纂學〉，《杭州大學學報》，卷 11 第 1 期（1981），頁 119～125。

91. 翦伯贊，〈論中國文獻學上的史料〉，收入於氏著《史學理念》，重慶：重慶，2001.10，頁 24～58。

92. 錢穆，〈略論魏晉南北朝學術文化與當時門第之關係〉，收入於氏著《錢賓四先生全集——中國學術思想史論叢》（三），台北：聯經，1994，頁 247～329。

93. 錢穆，〈綜論東漢到隋的史學演進〉，收入於氏著《中國史學名著》，北京：生活‧讀書‧新知三聯書店，2004.02，頁 100～114。

94. 瞿林東，〈盛唐史學的總結性工作〉，收入於氏著《唐代史學論稿》，北京：北京師範大學，1989.03，頁 3～17。

95. 瞿林東，〈隋唐之際的《漢書》學〉，收入於氏著《唐代史學論稿》，北京：北京師範大學，1989.03，頁 119～123。

96. 藍文徵，〈范蔚宗的史學〉，收入於杜維運、黃進興主編，《中國史學史論文選集》（一），台北：三民書局，1993，頁 304～310。

97. 羅香林，〈唐代文化的新認識〉，收入於氏著《唐代文化史研究》，台北：台灣商務，1980，頁 1～14。

98. 羅新本，〈《魏書》、《陳書》勘誤二則〉，《西南民族學院學報（哲學社會科學版）》，第 4 期（2000），頁 17。

99. 譚其驤，〈補陳疆域志〉，《禹貢半月刊》，卷 5 第六期（1936.05.16），頁 7（473）～18（484）。

100. 譚其驤，〈補陳疆域志〉，《禹貢半月刊》，卷 5 第十期（1936.07.16），頁 3（297）～31（305）。

101. 譚書龍，〈《梁書‧元帝紀》勘誤一則〉，《學術研究》，第 6 期（2006），頁 146。蕭文，〈《梁書‧劉杳傳》訂誤〉，《文學遺產》，第 3 期（2006），頁 156。

102. 嚴耕望，〈正史脫誤小記〉，收入於氏著《嚴耕望史學論文選集》，台北：聯經，1991.05，頁 563～594。

103. 嚴耕望，〈梁書盧陵王續奪譌〉，《大陸雜誌》，卷 13 第 2 期（1956.07.31），頁 66（32）。

104. 鐘仕倫，〈《梁書》不載《金樓子》考——兼論《梁書》編撰問題〉，《四川大學學報（哲學社會科學版）》，第 3 期（2004），頁 93～97。

七、網路資料

1. 中央研究院漢籍電子文獻。http//www.sinica.edu.tw/-tdbproj/handy1/。

2. 台灣博碩士論文知識加值系統。http://ndltd.ncl.edu.tw/cgi-bin/gs32/gsweb.cgi/ccd=1uIql3/webmge?Geticket=1

3. 台灣期刊論文索引系統。http://readopac.ncl.edu.tw/nclJournal/

4. 中國期刊網。http://cnki.csis.com.tw/。

5. 中國優秀碩士學位論文全文數據庫。http://cnki50.csis.com.tw/kns50/Navigator.aspx?ID=CMFD

6. 中國博士學位論文全文數據庫。http://cnki50.csis.com.tw/kns50/Navigator.aspx?ID=CDFD

附錄一：姚察生平簡表 [註1]

帝王紀年	重要事蹟
梁武帝中大通年間 （529～533）	姚察字伯審，吳興武康人也。九世祖信，吳太常卿，有名江左。 關於姚察之生年，史無明文。依《陳書》〈姚察傳〉載，姚察卒於大業二年（606），時年七十四。由此上推姚察生年，當爲梁武帝中大通五年（533）。
梁武帝大同年間 （535～544）	察幼有至性，事親以孝聞。六歲，誦書萬餘言。弱不好弄，博弈雜戲，初不經心。勤苦屬精，以夜繼日。年十二，便能屬文。 父上開府僧垣，知名梁武代，二宮禮遇優厚，每得供賜，皆回給察兄弟，爲遊學之資，察竝用聚蓄圖書，由是聞見日博。 年十三，梁簡文帝時在東宮，盛脩文義，即引於宣猷堂聽講論難，爲儒者所稱。 時年十四，就鍾山明慶寺尚禪師受菩薩戒。
梁武帝太清年間 （547～549）	值梁室喪亂，於金陵隨二親還鄉里。時東土兵荒，人飢相食，告糴無處，察家口既多，竝採野蔬自給。察每崎嶇艱阻，求請供養之資，糧粒恆得相繼。又常以己分減推諸弟妹，乃至故舊乏絕者皆相分卹，自甘唯藜藿而已。在亂離之閒，篤學不廢。
梁簡文帝大寶年間 （550）	簡文嗣位，尤加禮接。起家南海王國左常侍，兼司文侍郎。除南郡王行參軍，兼尚書駕部郎。

[註 1] 參考洪文琪，〈姚察父子修撰梁、陳二書之研究〉（台北：文化大學史學研究所碩士論文，2005 年），頁 161～163。加以修正刪補。

帝王紀年	重要事蹟
梁元帝承聖年間（552）	元帝授察原鄉令。時邑境蕭條，流亡不反，察輕其賦役，勸以耕種，於是戶口殷盛，民至今稱焉。
梁敬帝紹泰年間（552～554）	中書侍郎領著作杜之偉與察深相眷遇，表用察佐著作，仍撰史。始撰梁史。
陳武帝永定年間（557～559）	梁季淪沒，父僧垣入于長安，察蔬食布衣，不聽音樂。 永定初，拜始興王府功曹參軍，尋補嘉德殿學士，轉中衛、儀同始興王府記室參軍。吏部尚書徐陵時領著作，復引爲史佐，及陵讓官致仕等表，並請察製焉，陵見歎曰「吾弗逮也」。 及官陳，祿俸皆捨寺起造，並追爲禪師樹碑，文甚遒麗。
陳宣帝太建年間（569～582）	太建初，補宣明殿學士，除散騎侍郎、左通直。尋兼通直散騎常侍，報聘于周。江左耆舊先在關右者，咸相傾慕。沛國劉臻竊於公館訪漢書疑事十餘條，並爲剖析，皆有經據。 因得與父僧垣相見，將別之際，絕而復蘇，至是承襲，愈更悲感，見者莫不爲之獻歔。 使還，補東宮學士。 察每言論製述，咸爲諸人宗重。儲君深加禮異，情越群僚，宮內所須方幅手筆，皆付察立草。又數令共野王遞相策問，恆蒙賞激。 遷尚書祠部侍郎。 高宗欲設備樂，付有司立議，以梁武帝爲非。時碩學名儒、朝端在位者，咸希上旨，並即注同。察乃博引經籍，獨違羣議，據梁樂爲是，當時驚駭，莫不愜服，僕射徐陵因改同察議。 拜宣惠宜都王中錄事參軍，帶東宮學士。 歷仁威淮南王、平南建安王二府諮議參軍，丁內憂去職。俄起爲戎昭將軍，知撰梁史事，固辭不免。 太建六年（574）……時宮僚有濟陽江總，吳國陸瓊，北地傅縡，吳興姚察，並以才學顯著，論者推重焉。
陳後主至德年間（583～586）	勅兼東宮通事舍人，將軍、知撰史如故。又勅專知優冊謚議等文筆。 至德元年（583），除中書侍郎，轉太子僕，餘並如故。 時察母韋氏喪制適除，後主以察羸瘠，慮加毀頓，乃密遣中書舍人司馬申就宅發哀，仍勅申專加譬抑。 尋以忠毅將軍起兼東宮通事舍人。

帝王紀年	重要事蹟
陳後主至德年間 （583～586）	勅知著作郎事，服闋，除給事黃門侍郎，領著作。 詔授祕書監，領著作如故。乃累進讓，竝優答不許。察在祕書省大加刪正，又奏撰中書表集。拜散騎常侍，尋授度支尚書。 至德二年（584）十月辛丑，以度支尚書、領大著作姚察為吏部尚書，領著作竝如故。 初，吏部尚書蔡徵移中書令，後主方擇其人，尚書令江總等咸共薦察，勅答曰：「姚察非唯學藝優博，亦是操行清脩，典選難才，今得之矣。」乃神筆草詔，讀以示察，察辭讓甚切。 吏部尚書吳興姚察與貞友善，及貞病篤，察往省之，問以後事，貞曰：「孤子疊禍所集，將隨灰壤。族子凱等粗自成立，已有疏付之，此固不足仰塵厚德。即日迷端，時不可移，便為永訣。弱兒年甫六歲，名靖，字依仁，情累所不能忘，敢以為託耳。」是夜卒，勅賻米一百斛，布三十匹。後主問察曰：「謝貞有何親屬？」察因啟曰：「貞有一子年六歲。」即有勅給衣糧。 及官陳，祿俸皆捨寺起造，並追為禪師樹碑，文甚遒麗。及是，遇見梁國子祭酒蕭子雲書此寺禪齋詩，覽之愴然，乃用蕭韻述懷為詠，詞又哀切，法俗益以此稱之。 丁後母杜氏喪，解職。在服制之中，有白鳩巢于戶上。 後主所製文筆，卷軸甚多，乃別寫一本付察，有疑悉令刊定，察亦推心奉上，事在無隱。後主嘗從容謂朝士曰：「姚察達學洽聞，手筆典裁，求之於古，猶難輩匹，在於今世，足為師範。且訪對甚詳明，聽之使人忘倦。」察每製文筆，勅便索本，上曰：「我于姚察文章，非唯翫味無已，故是一宗匠。」 及仕陳代，諸名流遂許與聲價，兼時主恩遇，宦途遂至通顯。自入朝來，又蒙恩渥。既牽纏人世，素志弗從。且吾習蔬菲五十餘年，既歷歲時，循而不失。
隋文帝開皇年間 （581～600）	陳亡，察自吳興始遷關中。 開皇九年（589），詔授祕書丞，別勅成梁、陳二代史。 開皇九年（589）十二月甲子……詔太常牛弘、通直散騎常侍許善心、祕書丞姚察、通直郎虞世基等議定作樂。 又勅於朱華閣長參。文帝知察蔬菲，別日乃獨召入內殿，賜菓菜，乃指察謂朝臣曰：「聞姚察學行當今無比，我平陳唯得此一人。」 開皇十三年（593），襲封北絳郡公。

帝王紀年	重要事蹟
隋文帝開皇年間 （581～600）	開皇十四年（594），羣臣請封禪。高祖不納。晉王廣又率百官抗表固請，帝命有司草儀注。於是牛弘、辛彥之、許善心、姚察、虞世基等創定其禮，奏之。 開皇十四年三月，樂定。祕書監、奇章縣公牛弘，祕書丞、北絳郡公姚察等，……於是並撰歌辭三十首，詔並令施用，見行者皆停之。其人間音樂，流僻日久，棄其舊體者，並加禁約，務存其本。
隋文帝仁壽年間 （601～604）	仁壽二年（602），詔曰：「前祕書丞北絳郡開國公姚察，彊學待問，博極羣典，脩身立德，白首不渝，雖在哀疚，宜奪情禮，可員外散騎常侍，封如故。」又勅侍晉王昭讀。 煬帝初在東宮，數被召見，訪以文籍。即位之始，詔授太子內舍人，餘竝如故。車駕巡幸，恆侍從焉。及改易衣冠，刪正朝式，切問近對，察一人而已。
隋煬帝大業年間 （605～616）	梁、陳二史本多是察之所撰，其中序論及紀、傳有所闕者，臨亡之時，仍以體例誡約子思廉。 年七十四，大業二年（606），終于東都，遺命薄葬，務從率儉。 所著漢書訓纂三十卷，說林十卷，西聘道里記、玉璽、建康三鍾等記各一卷，悉窮該博，並文集二十卷，竝行於世。 漢書集解一卷姚察撰、定漢書疑二卷姚察撰、梁書帝紀七卷姚察撰、文章始一卷姚察撰、梁書三十四卷謝昊、姚察等撰、傳國璽十卷姚察撰、續文章始一卷姚察撰。 明漢書有劉顯、韋稜、陳時有姚察，隋代有包愷、蕭該，並為名家。

附錄二：姚思廉生平簡表[註1]

帝王紀年	重要事蹟
陳武帝永定年間 （557～559）	姚思廉字簡之，雍州萬年人。〔註2〕 思廉少受漢史於其父，能盡傳家業，勤學寡慾，未嘗言及家人產業。
陳後主禎明年間 （587～589）	在陳為揚州主簿。 在陳為衡陽王府法曹參軍，轉會稽王主簿。
隋文帝開皇年間 （581～600）	陳亡，察自吳興遷京兆，遂為萬年人。 入隋，補漢王府行參軍，掌記室，尋除河間郡司法。 丁父憂解職。 初，察在陳嘗修梁、陳二史，未就，臨終令思廉續成其志。 丁繼母憂，廬於墓側，毀瘠加人。服闋，補河間郡司法書佐。 思廉上表陳父遺言，有詔許其續成梁、陳史。
隋煬帝大業年間 （605～616）	大業初，內史侍郎虞世基奏思廉踵成梁、陳二代史，自爾以來，稍就補續。 煬帝又令與起居舍人崔祖濬修區宇圖志。 後為代王侑侍讀。

[註1] 參考洪文琪，〈姚察父子修撰梁、陳二書之研究〉（台北：文化大學歷史研究所碩士論文，2005），頁 164～165。加以修正刪補。

[註2] 《新唐書》卷 102〈姚思廉傳〉（北京：中華書局，1975。），頁 3978。中提到：「姚思廉，本名簡，以字行。」。

帝王紀年	重要事蹟
隋恭帝義寧年間 （617）	會義師克京城，侑府僚奔駭，唯思廉侍王，不離其側。兵將昇殿，思廉屬聲謂曰：「唐公舉義，本匡王室，卿等不宜無禮於王。」眾服其言，於是布列階下。高祖聞而義之，許其扶侑至順陽閣下，泣拜而去。觀者咸歎曰：「忠烈之士也。仁者有勇，此之謂乎！」 太宗征徐圓朗，思廉時在洛陽。
唐高祖武德年間 （618～626）	高祖受禪，授秦王文學。 武德五年（622），詔秦王文學姚思廉可修陳史。
唐太宗貞觀年間 （627～649）	太宗嘗從容言及隋亡之事，慨然歎曰：「姚思廉不懼兵刃，以明大節，求諸古人，亦何以加也！」因寄物三百段以遺之，書曰：「想節義之風，故有斯贈。」尋引爲文學館學士。 太宗入春宮，遷太子洗馬。 貞觀初，遷著作郎、弘文館學士。寫其形像列於十八學士圖，令文學褚亮爲之讚，曰：「志苦精勤，紀言實錄。臨危殉義，餘風勵俗。」。 使亮爲之贊，題名字爵里，號「十八學士」，藏之書府，以章禮賢之重。方是時，在選中者，天下所慕向，謂之「登瀛洲」。 貞觀初，姚思廉始撰紀傳，粗成三十卷。 貞觀三年（629），又受詔與祕書監魏徵同撰梁、陳二史，思廉又採謝炅〔註3〕等諸家梁史續成父書，并推究陳事，刪益傅縡、顧野王所修舊史，撰成梁書五十卷、陳書三十卷。〔註4〕魏徵雖裁其總論，其編次筆削，皆思廉之功也，賜綵絹五百段，加通直散騎常侍。 思廉以藩邸之舊，深被禮遇，政有得失，常遣密奏之，思廉亦直言無隱。太宗將幸九成宮，思廉諫曰：「離宮遊幸，秦皇、漢武之事，固非堯、舜、禹、湯之所爲也。」言甚切至。太宗諭曰：「朕有氣疾，熱便頓劇，固非情好遊賞也。」因賜帛五十匹。 貞觀六年（632），正倫與御史大夫韋挺、秘書少監虞世南、著作郎姚思廉等咸上封事稱旨，太宗爲之設宴，因謂曰：「朕歷觀自古人臣立忠之事，若值明王，便得盡

〔註3〕 一有説法認爲謝炅，可參考王樹民，《史部要籍解題》（北京：中華書局，2003.04），頁 76。；張舜徽主編，《中國史學名著題解》（北京：中國青年，1984.02），頁 99。

〔註4〕 《梁書》應是五十六卷、《陳書》應是三十六卷。

帝王紀年	重要事蹟
唐太宗貞觀年間 （627～649）	誠規諫，至如龍逢、比干，竟不免孥戮。爲君不易，爲臣極難。我又聞龍可擾而馴，然喉下有逆鱗，觸之則殺人。人主亦有逆鱗，卿等遂不避犯觸，各進封事。常能如此，朕豈慮有危亡哉！我思卿等此意，豈能暫忘，故聊設宴樂也。」仍並賜帛有差。 貞觀九年（635），拜散騎常侍，賜爵豐城縣男。 貞觀十一年（637）卒，太宗深悼惜之，廢朝一日，贈太常卿，諡曰康，賜葬地於昭陵。 子處平，官至通事舍人。處平子璹、珽，別有傳。 《梁書》五十卷姚思廉撰〔註5〕、《陳書》三十六卷姚思廉撰、目十二卷晉王友姚思廉等奉詔撰、

〔註5〕《梁書》應是五十六卷。

附錄三：姚思廉想像圖與十八學士介紹

1、姚思廉想像圖 [註1]

三才圖會 人物六卷 十五

姚思廉本名簡以字行陳吏部尚書察之子察在陳嘗修梁陳二史未就死以屬思廉故思廉表父遺言有詔聽續煬帝時遷代王侍讀高祖定京師授秦王府文學王即位改著作郎弘文館學士詔與魏徵共撰梁陳書加通直散騎常侍以藩邸恩政事得失許以聞思廉亦展盡無所諱帝幸九成宮思廉以為離宮游幸是秦王漢武事非堯舜所為帝嘉納之拜散騎常侍豐城縣男卒謚曰康陪葬昭陵

〔註1〕 （明）王圻、王思義編，《三才圖會》上冊〈人物六卷〉（上海：上海古籍，1988），頁641b。

2、十八學士介紹

（1）秦府十八學士寫真圖序〔註2〕

武德四年，大宗皇帝爲太尉尚書令雍州牧左右衛大將軍，新命爲天策上將軍，位在三公上。乃銳意經籍，怡神藝學，開學館以待四方之士。乃降教曰，昔楚國尊賢，存道先於甲穆，梁園接士比德至於鄒枚。咸以著範前修，垂光後烈。顧惟菲薄，多謝古人。高山仰止，能亡景慕，於是芳蘭始被。深冠蓋之遊，丹桂初叢，廣旄俊之士。既而場苗蓋寡，空留皎皎之姿；喬木徒遷，終愧嚶嚶之友。所冀通人正訓，匡其闕如。側席亡倦於齊庭，開筵有慚於燕館。屬大行臺司勳郎中杜如晦、記室考功郎中房玄齡及于志寧、軍諮祭酒蘇世長、天策府記室薛收、文學褚亮姚察〔註3〕、太學博士陸德明孔穎達、主簿李玄道、天策倉曹李守素、秦王記室虞世南、參軍蔡允恭顏相時、著作郎記室許敬宗薛元敬、太學助教蓋文達典籤蘇勖等。或背淮而致千里；或通趙以欣三見，咸能垂裾邸第。委質藩維，或弘禮度而成典。則暢詞學而路風雅，優游幕府，是用嘉焉，宜可以守本官兼文學館學士。及薛收卒，徵東虞州錄事參軍劉孝孫入館，尋遣庫直閻立本圖形貌，具題名字爵里。仍教文學褚亮爲之像贊，勒成一卷，號十八學士。並給珍膳，分爲三番。更直宿于閣，每軍國務靜，參謁歸休，即引見，論討墳典，商略前載，考其得失。或夜分而寢，又降以溫顏，禮數甚厚。由是天下歸心，奇傑之士，咸思自效。于時預入館者，時所傾慕，謂之登瀛州云。

（2）十八文學士〔註4〕

武德四年十月，秦王既平天下。乃銳意經籍，於宮城之西，開文學館，以待四方之士。於是以僚屬大行臺司勳郎中杜如晦、記室考功郎中房元齡、及于志寧、軍諮祭酒蘇世長、安策府記室薛收、文學褚亮、<u>姚思廉</u>、太學博士陸德明、孔穎達、主簿李元道、天策倉曹李守素、記室參軍虞世南、參軍事蔡允恭、顏相時、著作佐郎攝天

〔註2〕 （唐）張彥遠，《歷代名畫記》卷9〈秦府十八學士寫眞圖序〉（北京：中華書局，1985），頁269～271。

〔註3〕 應是姚思廉之誤。

〔註4〕 （宋）王溥，《唐會要》卷64〈文學館〉（北京：中華書局，1985），頁1117。

策記室許敬宗、薛元敬、太學助教蓋文達、軍諮典籤蘇勖等。並以本官兼文學館學士，及薛收卒，徵東虞州錄事參軍劉孝孫入館，令庫直閤立本圖其狀，具題其爵里。命褚亮為文贊，號曰十八學士，寫眞圖藏之書府，用彰禮賢之重也。諸學士食五品珍膳，分為三番，更直宿閤下，每日引見，討論文典，得入館者，時人謂之登瀛洲。

（3）十八學士讚〔註5〕

杜如晦：建平文雅，休有烈光。懷忠履義（一作抱義），身立名揚。

房元齡：才兼藻翰，思入機神。當官勵節，奉上忘身。

于志寧：古稱益友，允光斯職。蘊此文辭，懷茲諒直。

蘇世長：軍諮諧噱，超然辨悟。正色于庭，匪躬之故。

褚　亮：道高業峻，神氣清遠。學總書林，文兼翰苑

姚思廉：志古精勤，紀言實錄。臨名殉義，餘風勵俗。

陸德明：儒術為貴，元風可師。儔學非遠，離經在茲。

孔穎達：道充列第，風傳闕里。精義霞開，談辭颷起。

李元道：李侯鑒遠，雅量淹通。清言析理，妙藻推工。

李守素：賢哉博識，穆爾清風。游情文苑，高步談叢。

虞世南：篤行揚聲，雕文絕世。網羅百世，並包六藝。

蔡允恭：猗與達學，蔚有斯文。氷霜比映，蘭桂同芬。

顏相時：六文科籀，三冬經史。家擅學林，人游書史。

許敬宗：槐市騰聲，蘭宮游道。抑揚辭令，縱橫才藻。

薛元敬：薛生履操，昭哉德音。辭奔健筆，思逸清襟。

蓋文達：言超理窟，辯折談風。蒲輪遠聘，稷契連蹤。

蘇　勖：業敏游藝，躬勤帶經。書傳竹帛，畫美丹青。

劉孝孫：劉君直道，存交守信。雅度難追，清文遠振。

〔註5〕　（清）董誥等編，《欽定全唐文》卷147〈十八學士讚〉（北京：中華書局，1983），頁1870b～1871b。

附錄四：試論陳朝政權得以偏安的原因

壹、前言

　　侯景之亂，不僅於南朝政治上爲鉅變，並在江東社會上，亦爲一劃時代之大事；〔註1〕此在南朝中有著重大的意義，它擾亂蕭梁政權完整的政治、經濟和社會組織，也使得原有地方性的士族門閥，喪失其政治上、經濟上和社會上憑藉的基礎；〔註2〕同時陳朝最初建立者－陳霸先，就是由平定侯景亂事而崛起的，陳霸先於永定元年（557）由梁帝禪讓而稱帝，陳朝先後歷經了世祖（559～566）、廢帝（566～568）、宣帝（568～582）、後主（582～589），至禎明三年（589）陳後主被隋文帝楊堅所滅，凡 32 年，共五帝，了解陳朝本身的條件可從在《隋書卷 29 地理志上》中提及

> 既而侯景構禍，台城淪陷，墳籍散逸，注記無遺，郡縣戶口，不能詳究。逮于陳氏，土宇彌蹙，西亡蜀、漢，北喪淮、肥，威力所加，不出荊、揚之域。州有四十二，郡唯一百九，縣四百三十八，戶六十萬。〔註3〕

　　本文就是筆者從隋書這一條史料中對「土宇彌蹙」的陳朝，覺得陳朝在領土、戶口數等條件不如北方分裂的周、齊和北方統一後的隋朝，政權仍可

〔註1〕陳寅恪，〈魏書司馬叡傳江東民族條釋證及推論〉，《陳寅恪先生文集二》（台北：里仁書局，民國 70 年 3 月），頁 101。

〔註2〕蘇紹興，〈侯景之亂與南朝士族衰落之關係〉，《兩晉南朝的士族》（台北：聯經，民國 82 年 8 月二刷），頁 47～48。

〔註3〕《隋書・地理志上》，（台北：漢聲，民國 63 年 5 月），卷 29，頁 807。

得到偏安一隅的局面，而其原因也是值得本文去探討的；且歷來以陳朝為主的研究中，專書及論文是較為少的，其大都附屬於探討六朝為整體的文章較多，這可能跟本身史料少有關，可是筆者重新審視《陳書》後，發現仍有許多問題可研究；此外單以陳朝為主的研究，這方面的台灣學者，就目前為止除呂春盛先生的《陳朝的政治結構與族群問題》專書外，更是寥寥可數，加上陳朝處在六朝之末，所以常被忽略，特殊性更是得不到彰顯，筆者藉蒐羅有關陳朝的研究與史料，在有限史料不足下加以補強與分析，並試著去做各方面的突破和詮釋，這也是筆者以此為題的原因。

貳、外交局面的掌握

一、北齊被滅（577）前

自陳霸先受禪以後，陳朝所面臨的外交局勢，是處在和北周、北齊、後梁多國並立的局面，這其中又以北齊、北周為要，只是陳朝如何在這多國均勢局面中得到主動以免受到圍攻、聯合一方打另一方，以及和別國交聘維持自身重要性與外交主動性，更是筆者觀察的重點，下表是陳朝、北齊、北周三國間交聘情形次數，〔註4〕如下

公　　元	陳使往聘北齊	北齊使往聘陳	陳使往聘北周	北周使往聘陳
557 年十月		《北齊書》頁 64		
561 年六月				《周書》頁 65
十一月			《周書》頁 65	
562 年二月		《北齊書》頁 90		
四月		《陳書》頁 55		
七月	《北齊書》頁 91			

〔註 4〕呂春盛，〈北齊北周對抗的消長過程〉，《北齊政治史研究——北齊衰亡原因之考察》（台北：台灣大學出版委員會出版，民國 76 年 6 月），頁 118～119。本表引自上述：其史料部分採和作者所用相同的洪氏出版社，以作比對，並加以補強及修正原文：如原表年代只有 561～576 年，筆者多延伸 557 年十月和 577 年五月這兩條史料；同時原表亦有錯誤部分，如無 561 年正月應是二月之誤、無 562 年五月應是七月之誤、無 566 年十月此條出自《北齊書》頁 94 應是頁 98 之誤；此外原表亦缺少 574 年正月北周使聘陳這條；史料最後採筆者文章所用《陳書》，（台北：漢聲，民國 62 年 10 月）、《周書》、（台北：漢聲，民國 62 年 10 月）、《北齊書》，（台北：漢聲，民國 62 年 10 月）的出處；上述是原表延伸之說明。

公　　元	陳使往聘北齊	北齊使往聘陳	陳使往聘北周	北周使往聘陳
九月			《周書》頁 66	
十一月		《北齊書》頁 91		
563 年四月	《北齊書》頁 91			
六月		《北齊書》頁 92		
七月			《周書》頁 68	
十月			《周書》頁 69	
十二月	《北齊書》頁 92			
564 年四月		《北齊書》頁 92		《陳書》頁 57
五月		《陳書》頁 57		《陳書》頁 57
九月	《北齊書》頁 93		《周書》頁 70	
十一月		《北齊書》頁 93		
十二月		《陳書》頁 58		
565 年四月	《北齊書》頁 94			《陳書》頁 58
六月		《北齊書》頁 98		
十月		《陳書》頁 59		
十一月			《周書》頁 72	
566 年正月				《周書》頁 72
二月	《北齊書》頁 98			
六月		《北齊書》頁 98		
十一月				《陳書》頁 66
十二月	《北齊書》頁 99			
567 年四月		《北齊書》頁 99		
568 年正月		《北齊書》頁 101		
十一月		《北齊書》頁 101		
569 年五月		《陳書》頁 77		
570 年正月		《北齊書》頁 103		
五月		《陳書》頁 78		
571 年正月		《北齊書》頁 104		

公　　元	陳使往聘北齊	北齊使往聘陳	陳使往聘北周	北周使往聘陳
四月	《北齊書》頁104	《陳書》頁80		
五月				《周書》頁78
九月	《北齊書》頁105			
十月				《陳書》頁80
572 年七月			《周書》頁81	
八月				《陳書》頁81
九月	《北齊書》頁106			
十月				《周書》頁81
573 年正月			《周書》頁81	
六月				《陳書》頁84
九月			《周書》頁82	
574 年正月				《陳書》頁86
十月				《周書》頁85
575 年七月			《周書》頁92	
八月				《陳書》頁88
十二月			《周書》頁94	
576 年八月			《周書》頁95	
577 年五月			《周書》頁103	

　　從表中可看出陳朝積極交聘北周、北齊兩國的例證，除在 567～571 年期間，因叛賊華皎於 567 年北附於北周，〔註5〕造成兩國敵對衝突而無交聘情形，直至華皎戰事結束，兩國才重新合好，這期間陳朝卻和北齊有密切交聘來往，這也說明了陳朝本身不願兩面受敵的情形，同時由陳朝對兩國交聘間的往來和頻繁，更可看出陳朝本身在外交方面的積極性，以及北齊、北周對陳朝的重視；至於陳朝本身的戰略更是有合縱之奇，其不僅有交聘兩國，掌握自己對外交情勢控制的主動，並利用北齊、北周兩國間的戰爭得到有利地位，具體時間在表中所列的公元 571 年是關鍵，從史料中得到陳朝與北周的不合，

〔註 5〕 《周書·武帝上紀》，卷 5，頁 74。

並欲聯北齊滅北周，後因北齊的不許，〔註6〕轉而聯北周滅北齊的外交同盟行動，而這之後陳朝也漸漸不與北齊交好，轉而利用北周欲與陳朝結好，共同對北齊進行征討，陳宣帝時，北周遣使聘陳，約陳共伐齊，中分天下，陳朝也接受，〔註7〕直至北齊於 577 年被滅，北周和陳朝都有普遍交好的情形，這也是筆者認為陳一朝始終沒有兩面受敵的局面，並在多角外交中取得自己最為有利且主動的地位，一直至 577 年北方一統，陳朝在外交局勢上才有變化。

二、北齊被滅（577）後

北齊在 577 年滅亡後，過不久北周也於 581 年被楊堅所篡，並建立了隋朝；雖然北方政權易主，但是陳朝和北周末及隋朝仍是以一定的交聘往來，來維持兩國關係並持續至公元 588 年，下表為陳隋彼此聘使的往來時間，〔註8〕如下

公　元	陳使往聘隋	隋使往聘陳
581 年四月	《隋書》頁 15	
582 年正月	《隋書》頁 16	
六月		《隋書》頁 17
583 年二月	《隋書》頁 18	
四月		《隋書》頁 19
十一月	《隋書》頁 20	
閏十二月		《隋書》頁 20
584 年七月	《隋書》頁 21	
十一月		《隋書》頁 22
585 年七月	《隋書》頁 22	
九月		《隋書》頁 23
586 年四月	《隋書》頁 24	
八月		《隋書》頁 25
587 年二月	《隋書》頁 25	

〔註6〕 《北齊書·後主紀》，卷8，頁 104。
〔註7〕 《周書·杜杲傳》，卷39，頁 702～703。
〔註8〕 王壽南，〈隋平陳原因之分析〉，《國立政治大學歷史學報》卷 3（民國 74 年 3月），頁 17～18。本表引自上述出處也在《隋書》，（台北：漢聲，民國 63 年 5 月），中比對出作者原表中所缺一條開皇二年正月陳使往聘隋的史料；史料因找不出原作者所用的出版社，所以採筆者文章所用的出版社；上述是原表延伸的說明。

公　元	陳使往聘隋	隋使往聘陳
四月		《隋書》頁 25
588 年正月	《隋書》頁 29	
三月		《隋書》頁 29
十月	《隋書》頁 31	

在表中看出，陳朝和隋朝外交互動上的密切，年年都有往來，最初陳朝利用隋朝內亂〔註9〕和文帝受禪〔註10〕時，讓陳朝與隋朝交好及同盟，陳朝也不斷有遣使聘隋的舉動，這使陳朝在這時期的外交上仍有一定的主動性，形成兩國間的穩定與密切往來，都使偏安之年更長，所以外交中交聘的有效運用，對陳朝的外交局面來說，筆者認為是維持偏安的重要因素。

參、經濟收益的維持

中國由文化與經濟的功能來劃分，都各有其特殊的區域分野，因而形成不同的發展，〔註11〕加上一國之維持，經濟尤為要，此外陳朝更有立足於江南的海外特質，所以筆者是從多稅政策、提倡農業、嶺外貿易，來看陳朝經濟收益和維持，凡此亦是對其政權偏安有一定的重要性。

一、多稅收入

在整個陳朝政權來說，陳稅目繁多，從史料中更可看出陳朝有著如此多的稅收項目，由於中央經濟收入來源多，不僅有助於支持自身政權的基礎，更對筆者下一章戰鬥政權特性中的軍費想必大有幫助，陳朝的稅收項目，有關津稅、〔註12〕海鹽專稅、〔註13〕租調與戶調綿絹絲布等稅、〔註14〕市稅、〔註15〕地方征調和進貢人口與物品、〔註16〕田稅與田租、〔註17〕贖罪之贓

〔註 9〕　《隋書‧柳雄亮傳》，卷 47，頁 1274。
〔註 10〕　《南史‧陳本紀下》，（台北：鼎文書局，民國 65 年 11 月），卷 10，頁 306。
〔註 11〕　許倬雲，〈傳統中國社會經濟史的若干特性（代序）〉，《求古編》，（台北：聯經，民國 71 年 6 月），頁 3～4。
〔註 12〕　《隋書‧食貨志》，卷 24，頁 689。
〔註 13〕　《陳書‧世祖紀》，卷 3，頁 54。
〔註 14〕　《陳書‧宣帝紀》，卷 5，頁 90～91。
〔註 15〕　《隋書‧食貨志》，卷 24，頁 689。
〔註 16〕　《陳書‧華皎傳》，卷 20，頁 271。
〔註 17〕　《陳書‧世祖紀》，卷 3，頁 87。

稅、〔註18〕散估稅〔註19〕……等，這些都表示出陳朝稅收項目頗多，更可看出有著多種稅收項目應是陳朝經濟收益維持的重要一部分。

二、提倡農業

傳統中國王朝中，農業一直是立國根本，同時中國以此為業的人也是很多的，而陳朝亦是有重農之舉，接著我們就從史料中，來看陳朝各皇帝對此的具體行動，如陳文帝時代的勸農與重視糧食

> 天嘉元年（560）……。三月景辰……。守宰相明加勸課，務急農桑，庶鼓腹含哺，復在茲日。〔註20〕

> 天嘉元年（560）……八月壬午，詔曰：「菽粟之貴，重於珠玉。自頃寇戎，游手者眾，民失分地之業，士有佩犢之譏。朕哀矜黔庶，念康弊俗，思俾阻饑，方存富教。麥之為用，要切斯甚，今九秋在節，萬實可收，其班宣遠近，竝令播種。守宰親臨勸課，務使及時。其有尤貧，量給種子。」〔註21〕

陳宣帝時代的開墾荒地和親耕

> （太建）二年（570）……。八月甲申……。有能墾起荒田，不問頃畝少多，依舊蠲稅。〔註22〕

> （太建）四年（572）……。閏月辛未，詔曰：「……萊荒墾闢，亦停租稅。臺遣鎮監一人，共刺史、津主分明檢押，給地賦田，各立頓舍。」。〔註23〕

> （太建）九年（577）……。夏五月景子，詔曰：「朕昧旦求衣，日旰方食，思弘億兆，用臻俾乂，而牧守蒞民，廉平未洽，年常租賦，多致逋餘，即此務農，宜弘寬省。」。〔註24〕

同時在宣帝並有親身勸農，在此朝中共有六次親耕藉田。〔註25〕

陳後主時代的勸農

〔註18〕《陳書·蕭允附蕭引傳》，卷21，頁290。
〔註19〕《隋書·食貨志》，卷24，頁689。
〔註20〕《陳書·世祖紀》，卷3，頁49～50。
〔註21〕《陳書·世祖紀》，卷3，頁51。
〔註22〕《陳書·宣帝紀》，卷5，頁78～79。
〔註23〕《陳書·宣帝紀》，卷5，頁82～83。
〔註24〕《陳書·宣帝紀》，卷5，頁90。
〔註25〕《陳書·宣帝紀》，卷5，頁77、80、86、90、93、98。

（太建）十四年（582）……。三月辛亥，詔曰：「躬推爲勸，義顯前經，力農見賞，事昭往誥。斯乃國儲是資，民命攸屬，豐儉隆替，靡不由之。……今陽和在節，膏澤潤下，宜展春耨，以望秋垠。其有新闢膥畎，進墾蒿萊，廣袤勿得度量，征租悉皆停免。私業久廢，咸許占作，公田荒縱，亦隨肆勤。」〔註26〕

　　此外，陳朝對水利事業的經營也未鬆懈，然高祖也有水利修補，如在《江南通志卷 63 河渠志》中：「陳高祖時修復破岡瀆」。〔註27〕文帝、宣帝時也有建設堰的工程，如在「……天嘉三年夏，潦，水漲滿，安都引船入堰……」〔註28〕、「……太建九年（577），又隨明徹北討，於呂梁作堰，事見明徹傳」。〔註29〕在黃耀能先生文中認爲陳文帝、宣帝時的水利建設大致爲戰爭軍事上之需要；〔註30〕但筆者覺得這應會對陳朝農業中的溝渠、灌溉有所功用，非單單只是衹有軍事功用而已，同時這更有經濟、交通等多重功能，總之陳朝，在有重視糧食的生產、開墾荒地、君王的親身獎勵與實行、水利修補等都是實際提倡農業的行動。

三、嶺外貿易

　　所謂嶺外貿易是指嶺南和海外貿易；嶺南地位的重要性發展至南朝陳的時代，整個中國變成陳朝、北周與北齊形成三國鼎立之勢，而嶺南交、廣二州因重心南移，成爲國防前線，也是陳朝的重要戰略要地。〔註31〕所以向南的發展對陳朝來說是重要的，而嶺南經濟的繁榮，更可在

初進公位征南將軍、廣州刺史、又都督東衡州二十州諸軍事宜，公乃務是民天。敦其分地，火耕水耨。彌旦原野，賊盜皆僵。工貫競臻，鬻米商鹽，盈衢滿肆，新垣既築，外戶無扃。脂脯豪家，鍾鼎爲樂，揚袪灑汗，振雨流風，市有千金之租，田有萬箱之詠。〔註32〕

〔註26〕《陳書·後主紀》，卷6，頁106～107。

〔註27〕清·黃之雋等編，《江南通志》卷63，（台北：華文書局，民國56年8月），頁1087。

〔註28〕《陳書·侯安都傳》，卷8，頁147。

〔註29〕《陳書·程靈洗傳》，卷10，頁175。

〔註30〕黃耀能，〈兩晉南朝農業水利事業經營的歷史地位〉，《中山學術文化集刊》卷26（民國69年11月），頁65。

〔註31〕李東華，〈六朝遞嬗時代的嶺南地區〉，《中國海洋發展關鍵時地個案研究》（台北：大安，民國79年5月），頁126。

〔註32〕徐陵，〈廣州刺史歐陽頠德政碑〉，《徐孝穆集》（台北：商務印書館，民國54

上述中可看出嶺南地區的發展，此外劉淑芬學者認爲：「嶺南地區的重要性，首在當南海貿易的門户，控制嶺南，進而發展海外貿易，可爲東晉南朝政府帶來龐大的經濟利益，而在資源有限的情形下，南海貿易之利是相當重要的財政收入，因此，自孫吳以來，各政權皆致力於經營嶺南。」〔註33〕而至南朝宋齊梁陳也是有所承襲，如

> 晉自中原喪亂，元帝寓居江左，百姓之自拔南奔者，並謂之僑人。皆取舊壤之名，僑立郡縣，往往散居，無有土著。而江南之俗，火耕水耨，土地卑濕，無有蓄積之資。諸蠻陬俚洞，霑沐王化者，各隨輕重，收其賧物，以裨國用。又嶺外酋帥，因生口翡翠明珠犀象之饒，雄於鄉曲者，朝廷多因而署之，以收其利。歷宋、齊、梁、陳，皆因而不改。其軍國所須雜物，隨土所出，臨時折課市取，乃無恒法定令。列州郡縣，制其任土所出，以爲徵賦。〔註34〕

嶺南地區物力資源，不僅可爲國家帶來牲口、翡翠、明珠、犀象……等，並可資國用，其中國家的另外一項收入——賧稅，即「凡蠻夷不受鞭罰，輸財贖罪，謂之賧。」，〔註35〕也是陳朝稅收中的一部分，如

> 時廣州刺史馬靖甚得嶺表人心，而兵甲精練，每年深入俚洞，又數有戰功，朝野頗生異議。高宗以引悉嶺外物情，且遣引觀靖，審其舉措，諷令送質。引奉密旨南行，外託收督賧物。〔註36〕

上述史料看出陳朝在廣州所徵之稅都需上繳中央，這對陳朝國力維持有一定助益，嶺南一地如此豐富的收益，也造成當地地方官貪瀆聚歛的現象，如

> 世祖即位，……。即平歐陽紇，交阯夷獠往往相聚爲寇抄，卓奉使招慰。交阯通日南、象郡，多金翠珠貝珍怪之產，前後使者皆致之。
> 〔註37〕

海外貿易行之有年，至於其商業收益，更是對六朝中疆域最小的陳朝，〔註38〕

　　年），頁 61。
〔註33〕 劉淑芬，〈六朝南海貿易的開展〉，《六朝城市與社會》（台北：學生書局，民國 81 年 10 月），頁 317～349。
〔註34〕 《隋書‧食貨志》，卷 24，頁 673～674。
〔註35〕 《南史‧垣護之傳》，卷 25，頁 688。
〔註36〕 《陳書‧蕭引附蕭允傳》，卷 21，頁 290。
〔註37〕 《陳書‧文學阮卓傳》，卷 34，頁 471～472。
〔註38〕 清‧趙翼，《二十二史箚記》，卷 12（台北：樂天，民國 60 年 9 月），頁 161～163。

扮演一定角色，筆者從《陳書》本紀有紀錄的史料中，整理出共 29 次海外之國對陳朝遺使並向其獻方物，[註39] 北有新羅國（今日本）、高麗國（今朝鮮）、南有盤盤和丹丹國（分布於今馬來半島地區）、干陀利（分布於今南洋地區）、天竺（今印度）諸國等地，這種海外貿易所得之收入和商業範圍的廣度，更有助於國家的經濟收益，並對陳朝政權之偏安有所助益。

肆、戰鬥政權的特性

陳朝的武將因為長期在嶺南征伐俚獠，多半具有豐富的作戰經驗，這是日後陳霸先軍團驍勇的原因；[註40] 此外在呂春盛先生認為從陳霸先最初的立國集團中是一個南方人打贏北方人的「新政權」；[註41] 但有驍勇的特性和集團建立後是否也是如此呢？筆者認為近人這兩種說法無法看出陳朝整朝的政權特性，這只有建立的過程，所以筆者認為政權建立後的特性仍有再探討的空間；藉史料看出日後陳朝政權非只有伐俚獠，對其境內的反動份子和北伐北齊、北周更是用此來維持本身「戰鬥政權」的特性，不僅可使自身武力維持，而在戰後更可得到戰利品，所以筆者試著從《陳書》各帝的本紀中，找出陳朝是否一直持續如此？搜羅整理史料後發現，並認為這個集團是處在「一直戰鬥狀態」的，從陳霸先到宣帝都是如此，各時期史料列之如下

（一）高祖世祖時期

時　　間	內　　容	出　　處
高祖時期 永定二年（558）六月	詔司空侯瑱、領軍將軍徐度率舟師為前軍，以討王琳。	《陳書》頁 37
永定二年（558）冬十月	遣鎮南將軍、開府儀同三司周文育都督眾軍出豫章，討余孝勱。	《陳書》頁 38
永定三年（558）二月	司空侯瑱督眾軍自江入合州，焚齊舟艦。	《陳書》頁 39

[註39] 依陳書各帝本紀中得出扶南國 3 次，高驪國 1 次，干陁利國 1 次，高麗國 4 次，百濟國 4 次，新羅國 4 次，林邑國 2 次，狼牙國 2 次，丹丹國 4 次，天竺國 1 次，盤盤國 2 次，頭和國 1 次，有 12 國共 29 次。

[註40] 吳慧蓮，〈東晉南朝時期嶺南地區的土豪首帥及其與中央政府的關係——附論陳霸先崛起與背景〉，《淡江史學》卷 5（民國 82 年 6 月），頁 28。

[註41] 呂春盛，〈陳朝政權的成立及其結構〉，《陳朝的政治結構與族群問題》（台北：稻鄉，民國 88 年 3 月），頁 117。

時　　間	內　　容	出　　處
永定三年（558） 五月～六月	北江州刺史熊曇朗殺都督周文育于軍，舉兵反。王琳遣其將常眾愛、曹慶率兵援余孝勱。六月戊子，儀同侯安都敗眾愛等於左里，獲琳從弟襲、主帥羊暕等三十餘人，眾愛遁走，庚寅，廬山民斬之，傳首京師。	《陳書》頁39～40
高祖崩（559年六月）	王琳前軍東下，靈洗於南陵破之，擄其兵士，並獲青龍十餘乘。	《陳書》頁172
世祖時期 永定三年（559）多十一月	王琳寇大雷，詔遣太尉侯瑱、司空侯安都、儀同徐度率眾以禦之。	《陳書》頁48
天嘉元年（560）二月	太尉侯瑱敗王琳于梁山，敗齊兵于博望，生擒齊將劉伯球，盡收其資儲船艦，俘馘以萬計，王琳及其主蕭莊奔于齊。	《陳書》頁48～49
天嘉元年（560）三月	江州刺史周迪平南中，斬賊率熊曇朗，傳首京師。先是，齊軍守魯山城，戊午，齊軍棄城走，詔南豫州刺史程靈洗守之。	《陳書》頁50
天嘉元年（560）十月	侯瑱襲破〔周將〕獨孤盛於楊葉洲，盡獲其船艦，盛收兵登岸，築城以保之。丁酉，詔司空侯安都率會侯瑱南討。	《陳書》頁52
天嘉二年（561）十二月	先是，縉州刺史留異應于王琳等反，景戌，詔司空侯安都率眾討之。	《陳書》頁54
天嘉三年（562） 閏二月～三月	江州刺史周迪舉兵應留異……三月，司空侯安都破留異於桃之嶺。	《陳書》頁54～55
天嘉四年（563） 九～十二月	周迪復寇臨川，詔護軍章昭達率眾討之。十一月辛酉，章昭達大破周迪，悉擒其黨與，迪脫身潛竄。十二月景申，大赦天下。詔護軍將軍章昭達進軍建安，以討陳寶應。	《陳書》頁56～57
天嘉五年（564）十一月	章昭達破陳寶應于建安，擒寶應、留異，送京師，晉安郡平。	《陳書》頁58

（二）廢帝宣帝後主時期

時　間	內　容	出　處
廢帝時期 光大元年（567）五月	安南將軍、湘州刺史華皎謀反，景申，以中撫大將軍淳于量為使持節、征南大將軍，總率舟師以討之。	《陳書》頁 67
光大元年（567）九月	周將長胡公拓跋定率步騎二萬入郢州，與華皎水陸俱進，都督淳于量、吳明徹等與戰，大破之。皎單舸奔江陵，擒拓跋定，俘獲萬餘人，馬四千餘匹，送京師。	《陳書》頁 68
宣帝時期 太建元年（569）冬十月	新除左將軍歐陽紇據廣州舉兵反。辛未，遣車騎將軍、開府儀同三司章昭達率眾討之。	《陳書》頁 77～78
（太建）二年（570）二月	儀同章昭達擒歐陽紇送都，斬于建康市，廣州平。	《陳書》頁 78
太建五年（573）夏四月	前巴州刺史魯廣達克齊大峴城。辛亥，吳明徹克秦州水柵。庚申，齊遣兵十萬援歷陽，儀同黃法氍破之。辛酉，齊軍救秦州，吳明徹又破之。	《陳書》頁 84
太建五年（573）冬十月	齊兵萬人至潁口，樊毅擊走之。辛亥，齊遣兵援蒼陵，又破之。	《陳書》頁 85
太建七年（575）閏九月	都督吳明徹大破齊軍於呂梁。	《陳書》頁 89
太建九年（577）冬十月	司空吳明徹破周將梁士彥眾數萬于呂梁。	《陳書》頁 91
太建十年（578）二月	北討眾軍敗績於呂梁，司空吳明徹及將卒已下，並為周軍所獲。	《陳書》頁 91
太建十年（578）十二月	合州廬江蠻田伯興出寇樅陽，刺史魯廣達討平之。	《陳書》頁 93
後主時期 至德（585）三年三～四月	前豐州刺史章大寶舉兵反，夏四月庚戌，豐州義軍主陳景詳斬大寶，傳首京師。	《陳書》頁 111

　　除了後主時少戰鬥次數之外，期間陳朝政權總共平定了王琳、周迪、留異、陳寶應、華皎、歐陽頠、防禦北周、征伐北齊……等，不僅對內平定反動勢力，對外主要是和北周、北齊有軍事武裝衝突，這不僅可助於維持自身戰鬥政權的特性，在戰後勝利品的獲得，如馬、生口、船艦……等，亦有「不

可勝數」的情形，此外也從北齊得到一些領地，對國土擴張更是實質助益。陳朝政權可說是江南歷經侯景之亂後，由陳霸先主導糾集南方各股勢力所再重建的政權，換而言之，陳朝政權的成立在某種意義上可說是南方人民對抗北方人民入侵的集體意志的表現；〔註42〕但筆者認為從史料中可看出整體「戰鬥政權」為其主要特性，就是說陳朝透過不斷的戰鬥情形，使自己的力量越來越強，凡此更是得出整個陳朝政權偏安的根本原因與立國根基於江左的特殊性。

伍、結論

陳朝利用不同外交局面，而有不同應對，577 年前是陳朝、北齊、北周三國並立的情形，陳朝靠不斷交好兩國，初欲聯合北齊滅北周，後因齊主之不許，遂藉北周長年與陳交好，形成兩國共同滅北齊的外交同盟；直至 577 年後，北方局勢一改，由原本的分裂政局變成統一的隋朝，陳朝仍不斷遣使和隋朝相互交聘，並利用隋的內亂和繼位後的不穩，得使其外交局面得到最有利地位。陳朝廣闢稅目，以利稅收，雖然無法得其收入全貌，可是此必有助軍國之用；此外君主重視水利、農業、糧食生產、墾荒地、親耕田地等實際行動下，對農業發展必有所助益；嶺外貿易得其牲口、明珠、犀象、賒稅等大量收益，對陳朝政權可增加豐沛的收入，同時不僅只有嶺外，海外貿易更擴及今日本、東南亞、印度等地，所以經濟靠著多稅政策、提倡農業、嶺外貿易中得到供給，以利戰鬥軍事之所需；戰鬥政權，本章都是從史料中得出來的一個「政權特性」，主以打仗附以獲得戰利品，也是陳朝建立至其建立後維持政權的特殊性，總之外交局面的掌握、經濟收益的維持、戰鬥政權的特性，是陳朝政權得以偏安的重要因素。

後主晚年因對隋朝益驕〔註43〕、盛修宮室使府庫空虛〔註44〕、戰鬥次數明顯的減少，使原先陳朝政權偏安重要的支柱受到動搖，只是筆者本文不在討論陳朝如何滅亡，而是著重在詮釋陳朝政權偏安的原因；過去大家常覺得陳朝只有後主縱情文學、荒淫的了解而已，其實非然，因為此朝代處魏晉南北朝時代之最後期，加上只有 32 年所以常被忽略，相對的研究也較少，最後

〔註42〕呂春盛，〈陳朝政權的成立及其結構〉，《陳朝的政治結構與族群問題》，頁 39。
〔註43〕《南史・陳本紀》，卷 10，頁 306。
〔註44〕《南史・恩倖傳》，卷 77，頁 1940。

因筆者所學有限，期以此文能還原陳朝多種不同和應有的面貌，望藉由此文能使同好者再對這時期重新檢視與注意。

　　本篇附錄乃是筆者就讀於輔仁大學歷史學系時未竟成熟的觀點，當年匆匆以此文完成戴晉新老師的史學方法論課堂報告，並刊於輔大歷史系刊物《史苑》第 62 期；爾後又以此文來申請中興大學歷史研究所入學考試；其間又得當時在台北大學任教的呂春盛老師提點和鼓勵。近日花大蘭出版社願將此文附於本書之後，內人麗晴於工作繁忙之際，協助筆者校正欠通順的文句，其過程之艱辛，可想而知。總之，本文之完成實受多人的幫忙，鑑於此，在不同時期，略加刪補，不免有「歷史即當代史」之變動感，倘若本文有任何問題均由筆者承括，並願悉聽讀者先進朋友們指正，感恩！

徵引資料

史　料

1. 《北齊書》，（台北：漢聲，民國 62 年 10 月）。
2. 《周書》，（台北：漢聲，民國 62 年 10 月）。
3. 《陳書》，（台北：漢聲，民國 62 年 10 月）。
4. 《南史》，（台北：鼎文書局，民國 65 年 11 月）。
5. 《隋書》，（台北：漢聲，民國 63 年 5 月）。
6. 徐陵，《徐孝穆集》，（台北：商務印書館，民國 54 年）。
7. 清・趙翼，《二十二史箚記》，（台北：樂天，民國 60 年 9 月）。
8. 清・黃之雋，《江南通志》，（台北：華文書局，民國 56 年 8 月）。

專　書

1. 呂春盛，《陳朝的政治結構與族群問題》（台北：稻鄉，民國 88 年 3 月）。

期刊論文

1. 王壽南，〈隋平陳原因之分析〉，《國立政治大學歷史學報》卷 3（民國 74 年三月），頁 1～21。
2. 陳寅恪，〈魏書司馬叡傳江東民族條釋證及推論〉，《陳寅恪先生文集二》（台北：里仁書局，民國 70 年 3 月），頁 69～106。
3. 李東華，〈六朝遞嬗時代的嶺南地區〉，《中國海洋發展關鍵時地個案研究》（台北：大安，民國 79 年 5 月），頁 107～156。
4. 吳慧蓮，〈東晉南朝時期嶺南地區的土豪酋帥及其與中央政府的關係──

附論陳霸先崛起與背景〉,《淡江史學》卷 5（民國 82 年 6 月）,頁 17～
33。

5. 呂春盛,〈北齊北周對抗的消長過程〉,《北齊政治史研究——北齊衰亡原因之考察》（台北:台灣大學出版委員會出版,民國 76 年）,頁 79～109。

6. 呂春盛,〈陳朝政權的成立及其結構〉,《陳朝的政治結構與族群問題》（台北:稻鄉,民國 88 年 3 月）,頁 73～117。

7. 許倬雲,〈傳統中國社會經濟史的若干特性（代序）〉,《求古編》（台北:聯經,民國 71 年 6 月）,頁 3～21。

8. 黃耀能,〈兩晉南朝農業水利事業經營的歷史地位〉,《中山學術文化集刊》卷 26（民 69 年 11 月）,頁 481～549。

9. 劉淑芬,〈六朝南海貿易的開展〉,《六朝城市與社會》（台北:學生書局,民國 81 年 10 月）,頁 317～349。

10. 蘇紹興,〈侯景之亂與南朝士族衰落之關係〉,《兩晉南朝的士族》（台北:聯經,民國 82 年 8 月二刷）,頁 33～48。